JN065233

人生を変えるのに修行はいらない

わきまえない僧侶のありがたい 教え

愛葉宣明

BYAKUYA
BIZ BOOKS

まえがき

悩みの原因を手放して
よりよい人生を送ろう！

ボクは、ある日突然、お坊さんになりました。

身近な人たちからすれば、なんでいきなりお坊さんになったのか、動機も理由もまったくわからず、ほんとうに唐突だったと思います。

でも、お坊さんになってから、ボクの人生は大きく変わりました。

仏教の教えから受け取った計りしれないほどの恩恵を、人生に迷う人たちに少しでも伝えたくて、ボクはこの本を書いています。


生きているとさまざまな悩みが尽きません。

・日々の生活に追われて、将来がやみくもに不安。
・職場や家庭で、自分の居場所が見つけられず寂しい。
・夢もなく、人生をどう生きてよいのか決められない。

こんなふうに人生に迷ったら、よりよく生きるための指針として仏教の教えを活用してほしい。

「えっ、今さら仏教なんて、何の役に立つの⁉」

とあなたは思ったかもしれません。

現代の日本では「自分は無宗教」と考える人が少なくありません。

でも実は、海外では「何の宗教も信じていない」というと、価値観や判断基準の定まらない「アブナイやつ」と思われることがほとんどです。

なぜなら、グローバルスタンダードで考えられている「宗教心」とは、日本人が考える「倫理観」と同じ意味を持っているからです。

またボクは、日本人であれば多くの人が、目に見えない存在を敬う心を持っていると考えます。

新たな年を迎えたら、初詣に行き神様に無事を祈る。

神様とともに楽しむ「お祭り」で日常生活にメリハリを取り入れる。

こうして、多くの人は無意識のうちに、信仰心を日々の暮らしに生かしているのですから。


仏教は、人生で迷ったり悩んだりしたとき、どうするべきかを見つけ出すガイドになってくれる教えです。

もちろん、仏教を２５００年前に始めたお釈迦様が、現代に生きているわけではありませんので、あなたの悩み一つ一つに答えを出してくれるわけではありません。

でも仏教は、生きている人間に起こり得る、普遍的な悩みの解消術として２５００年の間、時代に合わせて洗練されてきた教えです。

どんな悩みにも対応できる真理が、今をよりよく生きるために役立つのです。

ただそうはいっても、今も昔も、仏教の教えや偉人について書かれた書籍は、山ほど発売されています。

また、ありとあらゆる仏教の教えについても検索すれば、各宗派、お寺ごとにインターネットで発信されているのを見つけることができるでしょう。

実際、物事の受け取り方は人それぞれです。あなたの悩みはボクにとってはどうでもいいことかもしれません。何が真実かもわかりませんし、自分が信じたいものを真実として生きる人がほとんどでしょう。

だからこそ、ボクはちょっと変わった切り口でこの本を書き、少しでもいいので仏教に興味を持ってもらい、よりよく生きることに活用してほしいと思っています。

それは、こんなわきまえない僧侶であるボクと同様に、「お坊さんになりませんか」ということです。

ボクこそが仏教で救われるべき人間だった

なぜボクが、お坊さんになってまで仏教を身近にしてほしいと思うのか。

それは、宗教とはまったく関係ない世界で生きてきたボクこそが、実生活で悩み、苦しんで、浄土真宗の教えで人生が変わったからです。

浄土真宗は、日本の仏教の宗派の一つで、鎌倉時代に親鸞という僧侶が開きました。親鸞は、幼い頃から学問の才能に秀でており、わずか9歳のときに得度、つまり僧侶になる儀式を行い仏門に入ります。

その後20年に渡り、宗派を超えた僧侶のための学問と修行の場である比叡山に入り、修行をします。

浄土真宗の教えの特徴は、なんといっても間口が広いこと。

仏教の難解な哲学を理解したり、修行を積んだりする必要はなく「誰でも救われる」と説いています。

親鸞の過激とも言える「修行はいらない」「誰でも救われる」という主張は、子どもの頃からコンプレックスの塊で、家族や親戚の中で自分だけが劣っているのではないかと苦しんでいた、ボクの心に響くものがあったのです。

幼い頃のボクは、泣き虫で引っ込み思案。小学生になると、やっと友達と仲良くできて、毎日学校に行くのが楽しくなったのに、ある日突然、イジメにあいます。クラスメートは、担任の教師がいるときは何事もなかったように振る舞うのですが、まわりに大人の目がなくなると、ボクが存在しないかのように無視します。同じ学年の生徒、全員にいきなり知らんぷりされたのですから、ショックは非常に大きいものでした。

なぜ、無視されるのか理由が不明で、どうしたらいいかもわからない。毎日、家に帰ると「このまま死んでしまおうか」と真剣に悩みました。でも、まだ見たこともない死後の世界や、命を失うことを考えると怖くてたまりません。

まるで自分が存在しないかのように扱われる世界で生き続けるのも、死ぬことを考えるのもつらい日々が続きました。

でも、今から思えば、このとき命を絶たなくてほんとうによかった。

まさかそのあと、大人になってこれほど人生を楽しめるようになるとは、想像もできませんでした。

もしかしたらボクは、この頃から「人生をせいいっぱい生きるというのはどういうことか」考え始めていたのかもしれません。

中学校に入ると、自分を認めてくれない世間に反発、やんちゃな少年時代を送ります。仏教系の高校に進学し、お釈迦様の教えには触れたものの、それも仏教の授業の一環としか感じていませんでした。

その後、新車のセールスマンという仕事を経て、とあるきっかけから中古車販売のビジネスを一人で立ち上げます。

そして、美容、飲食、リサイクル、子ども服の通販、コンサルティングなど次々と別の事業をスタート。

一時は新聞に「新進気鋭の経営者」として取材されるまでになっていました。

ところがビジネスが忙しくなり、お金が儲かれば儲かるほど、ボクは不幸になっていきました。

もちろん、経済的には満たされており、高級外車を乗り回しブランド物で全身を固めて得意になっていました。

でも、精神的にはいつもイライラして、全然、人生がうまくいっている気がしない。お金をだまし取られたり、仲間だと思っていた人に裏切られたりと、普通に働いているだけでは出合わないような、つらいできごとにも数多く遭遇し、人生に疲れ果ててしまったのです。

今後の人生を考えたとき、ふと浮かんだのが、仏教系の高校に通っていたときに学んだ仏教です。

ビジネスやプライベートでヨーロッパを中心に海外へ頻繁に出かけるようになり、外国人の友人たちから仏教についていろいろと聞かれたこともあり、ボクはあらためて学び始めたのです。

「今」を生きるために役立つ仏教の教え

一般的に仏教というと、厳しい修行を積んで悟りを開くものと思われています。

しかし、親鸞の教えは違います。

厳しい修行はゼロ、「南無阿弥陀仏」と唱えるだけで誰でも救われるという、仏教界のスタンダードからしたら信じがたいものでした。

親鸞が生きた時代は、権力争いのクーデターやテロが横行し、世の中は荒れすさんでいました。

さらに火事や地震などの災害が頻発、当時の仏教は、特権階級が学ぶ高尚な学問であったため、庶民はすがるものもなく希望を失っていました。

その現実を目の当たりにした親鸞が「目の前で苦しむ民衆を仏教の教えで救うこと」を求め続けた結果が、浄土真宗の教えなのです。

つまり浄土真宗は長い期間、学び続けた人だけが救われる教えではなく、心に悩みを抱えながら日々を暮らす、ボクたちのような人にこそつねに寄り添うものなのです。

親鸞の教えは、生きる張り合いをなくし、荒んでいたボクの心にじわじわとしみ込んできました。

繰り返し触れることで、もう一度「今」をせいいっぱい生きて、人生を楽しめるかもしれないという希望が湧いてきたのです。

ボクは、仏教の教えは、インターネットや書籍などで、これだけ広く発信されて「なんとなく」知られてはいるものの、誤解されていたり、日常生活には到底、役に立たない観念的なものとされたりしているのが、なんとも残念で仕方がない。

さまざまな悩みを抱える現代人こそ、仏教の教えで、今を充実させてほしい。

せっかく授かった命を存分に生かして、今を思う存分、楽しんでほしいのです。

令和3年4月

愛葉宣明

目次

第1章　死について考えてみよう

第2章 人生を変える仏教の教え

第3章 お坊さんになろう

補章

曹洞宗と浄土真宗の僧侶が語る、仏教のこれから

第1章

死について考えてみよう

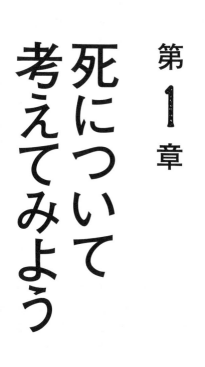

あなたは、今日からあと何日生きられる？

この本を書いている2021年、この時点で数えると、ボクの残りの人生はおよそ9000日です。

1日が終わるごとに、確実に減っていくこの数字を、ボクは毎日、スマホのアプリで確認しています。

9000日が「まだまだ、たっぷりある」と思えるか「それしかないの!?」と感じるかは人それぞれでしょう。でも、こうして「自分があと何日生きられるか」、意識している人はほとんどいないはずです。

日本人男性の平均寿命は、およそ81歳。

もしかしたらもっと長生きするかもしれないし、ずっと早くに人生が終わってしまうかもしれない。

平均寿命を超えるほど長く生きられるかもしれないけど、ボクはあえて低めに見積もって、自分の寿命を70歳に設定。今、45歳なので、70歳になるまで、365日×25年（70－45）＝9125、つまりおよそ9000日と考えているのです。

みなさんも一度、計算してみてください。「365日×○年（平均寿命－現在の年齢）」で出た数字が、あなたに残された時間です。


人は無意識のうちに「いつもの日常」は、これからもずっと続いていくと考えます。

そして、たとえ70歳になっても80歳になっても「あと5年は大丈夫だろう」「○○さんも元気だし……」などと、人生には限りがあるという事実から目をそらします。

94歳で亡くなったボクの叔母は、自分は長寿記録を更新するかもしれないと本気で考えていたほどです。

でも、誰でも何歳でも、いつ何が起こるかはわかりません。

だからこそ、あえてボクのように、ざっくりでもいいので自分に残された日があとどのくらいかに、目を向けてほしい。

人生の残りの9000日は、年に換算するとおよそ25年。

とすると、お正月を迎えることができるのはあと30回もないとわかります。

また大好きな秋を過ごせるのも、残り30回もない。

「自分もいつかは死ぬ」と実感し、落ち込んだり投げやりになったりしてほしいわけではありません。

「誰でも、生まれたからにはいつか死ぬ」という事実を目をそらさずに受け止めて、死ぬ前に後悔しないよう生きている時間を充実させてほしいのです。

もし、誰もが永遠に生き続けられるとしたら？

「〝死〟について考えよう」というと、

あなたに残された時間は?

「死ぬことを考えるなんて、縁起が悪い」

「自分がいつか死ぬなんて、考えたくもない」

と、拒否反応を示す人が少なくありません。

でも、仏教では「生死」は合わさって一つのことだと考えられています。

生きるというのは、いつか死ぬということであり、死ぬというのはそれまで生きているということです。


多くの人は、いつか自分の命が尽きることをとても恐れます。

しかし、もし永遠に生き続けられるとしたらどうでしょう。

ボクは、永遠に終わりのない人生を送るのも、死ぬのと同じくらい怖いことだと考えます。

何をやっても死なないし、何もしなくても生き続けるのですから、まるで、終わりのないブラックホールの中で、ずっと漂い続けるようなものでしょう。

目的地もなく、永遠にさまようことは、想像すると恐怖しかありません。

イタリアのルネサンス期を代表する芸術家である、レオナルド・ダ・ヴィンチは、

「このところずっと、私は生き方を学んでいるつもりだったが、最初からずっと、死に方を学んでいたのだ」

という言葉を残しています。

さまざまな解釈があると思いますが、ボクはこの言葉を「自分の最期を考えることで今のあり方が変わってくる」という意味にとらえています。


死について考えるのは、怖いかもしれません。

多くの人が死にたくないと思っている。

たとえ「天国に行ける」とわかっても、「じゃあ、今すぐ死にたい」という人はいないでしょう。

でも人は皆、生まれた瞬間から一歩ずつ死に向かっています。

誰のもとにも、死は100パーセントの確率で訪れます。

その当たりまえの事実を受け入れ、死に生かされている自分に気づくことで、生を楽しみ生かすことができるのです。

大好きだった叔父の死で人生が変わった

ボクが初めて「死」を強烈に意識したのは、仲良しだった叔父が亡くなったときです。祖父の弟である叔父は祖父と同じく商売人で、子どもの頃からボクにいろいろなことを教えてくれました。

とにかくムダを嫌い、いつもどうすればあるものを有効活用できるのか工夫する合理的な叔父が、ボクは大好きだったのです。

特に20代でビジネスを立ち上げたあとは、叔父から学んだ知恵で苦しい状況を乗り切ったこともありました。

そのため、あるときお礼の意味を込めて、叔父と叔母の2人をハワイ旅行に招待しました。

「この景色を見せたい」「あれも食べてもらいたい」と、あちこち連れ回し、喜んでもらって帰国した直後、叔父はすい臓ガンと診断されます。

その日からボクは、仕事の合間を見つけては、叔父の家に通い看病を始めました。毎日、食事をするときに、2階の部屋から抱き下ろすのはボクの役目。

日に日にやせ細り、軽くなっていく叔父を支えながら「人間って、こんなふうに衰えていくんだ」というやりきれない思いでいっぱいになります。

すい臓ガンは、体の奥深くにできるため早期に見つかることはほとんどありません。さらに進行するスピードもとても早いのが特徴です。

半年後に叔父は、とうとう危険な状態に陥り入院。

「できるかぎりそばにいたい」と願い、看病するボクの手を握りながら、ついに叔父は息を引き取りました。

今まで生きて手を握っていた叔父が、目の前で動かなくなる。

それまでも親族の死は何度も経験したのに、そのとき、強烈に「人はいつか死ぬ」という事実が身にしみました。

さらに「死」を実感したのが、灰になった叔父の遺骨を持ったときです。毎日のように、抱き上げて2階から下ろしていた叔父がこんなに小さな入れ物に収まっている。

死ぬと肉体がなくなり存在しなくなる、自分もいつかはこうなるんだ。そんな実感が死への恐怖を激しく感じさせたのでしょう。

ボクはそれからしばらく、放心状態に陥り、体重が8キロも減って激ヤセします。ようやく叔父の死のショックから立ち直ったのは、約3カ月が経ったあとでした。

死と向き合うことが、人生を変えるきっかけになる

叔父の死をきっかけに「人生の時間は有限であり、誰もが死に向かって生きている」という事実を、リアルに実感したボクの生活は大きく変わりました。

人目を気にして「カッコいい！」と言われるために時計や服を選び、背伸びをし、高級レストランに出入りしていたのが、心地いい服を選び、心を許せる仲間たちだけと食事をともにするようになっていきました。今でもそれは、ボクにとってもっとも大切な時間の一つです。

人生を大きく変え「今」を生きるきっかけの一つが「死」を意識することです。とはいえ、人の「死」に接する機会は、そうあるものではないでしょう。であれば、5分でいいから時間をとって、こう考えてみてください。あなたは今、誰もが生まれた瞬間に「人生の期限」を知らされている世界に生きています。

「はい、山田太郎さん。おや、あなたはずいぶん長生きするね、101歳」
「次は、鈴木花子さん。残念だけどあなたは45歳まで」
「田中実さんは？　まぁ平均的かな、78歳だね」

こうして、あらかじめ寿命を知らされていたら、果たして今と同じ毎日を送っているでしょうか。

おそらく「もっとこうしたい」「こんなことはやめよう」という思いが出てくるはずです。

ボクのように「自分をよく見せよう」と背伸びしていた生活から、ほんとうに心地よくいられる状態はどんなものか気づく人もいるでしょう。

一方で、もっと自由に旅行をしたい、違うことを学びたい、お金を稼ぎたいという人もいるかもしれません。

何がしたいか、人生をどう変えたいかは人それぞれでいい。

ただ、世間の常識や一般的に「こうするべき」とされていることに縛られずに「今」をせいいっぱい生きてほしいのです。

死は誰にも必ず訪れる。
それを意識したとき、
あなたの人生は変わり始める。

死ぬ直前に後悔するのは「もっと幸せを追求すればよかった」

実際に命の期限を知ったとき、人はどんなことを後悔するのでしょう。

それを知れば「今」をよりよく生きるためにやるべきことが見えてきます。


終末期医療の専門家などによって、世界各国でさまざまな調査が行われているのを見ると、人種や性別に関係なく、最も多い答えは、

「もっと自分を幸せにしてあげればよかった」

ということです。


あなたは、今のままで「自分を幸せにしてあげている」と言えますか。

このままの人生が続いても、5年後、10年後、そして死ぬ前にも後悔しないと言い

切れるでしょうか。

多くの人は、昔の価値観に縛られたり、無理にまわりの期待に応えようとしたりして、自分なりの幸せを見失っている。

ボクはそのままで人生を終えてほしくないのです。


Apple社の創設者の一人である故スティーブ・ジョブズ氏は、2005年にスタンフォード大学の卒業式で行なったスピーチで、

「毎日を人生の最後の日だと思って生きよう。いつかほんとうにそうなる日が来る」

と言っています。

スピーチを行ったときのジョブズ氏は、すい臓ガンを宣告された直後だったと言われています。

自身の死と向き合った結果、大学の卒業を目前にした希望あふれる若者たちに強く伝えようとしたのは「自分がいつか死ぬ存在であることを忘れないでほしい」ということです。

スピーチでは、17歳のときに「毎日を人生最後の日と思って生きる」という言葉に

出合い、それ以来、毎日、鏡に映る自分に向かって、

「もし、今日が最後の日だとしても、今からやろうとしていることをやるだろうか」

と、33年間、問い続けたと言っています。

そしてもし、何日も「ノー」が続くようだったら、生き方をちょっと見直したほうがいいと伝えたのです。


「自分がまもなく死ぬ」という考えを持つのは、ネガティブな側面ばかりではない。人生において重大な決断をするときには特に役立つと、ジョブズ氏は伝えたかったに違いありません。

なぜなら「自分は今、死ぬ直前」だと思ったら、小さな見栄やプライド、そして失敗や恥をかくことに対する恐怖などは消えていくのではないでしょうか。

そして、自分にとってほんとうに大切で、愛せるものだけが残るはずだからです。

誰もが持つ時間は限られている。

望まない人生を生きて、時間をムダにしない。

こうして、自分なりの人生の喜びを見つける手助けをしてくれる最強の手段が

今この瞬間を生きよう。
そのために必要なことは、
仏教が教えてくれます。

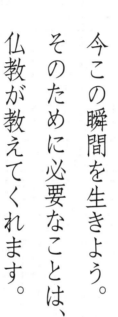

「〝死〟を意識する」ことなのです。

では、具体的にどう「今」を充実させ、後悔しないよう生きるのか。

その方法を具体的に教えているのが、実は仏教なのです。

そもそも仏教はとても合理的に考えられた教え

「仏教は古くさくて観念的」だから、現代人の役には立たないと考える人もいるかもしれません。

でも、お釈迦様が説かれている人生の真理の一つが、人間には必ず「苦」がつきまとう一切皆苦《いっさいかいく》（人生は〝苦〟、つまり思い通りにならないことばかり）ということです。

実際に、歴史が始まってから人が努力してきたのは「〝苦〟から逃れる」こと。

病気や老い、さらに金銭的な苦しみ、人間関係の苦しみなど、あらゆる「苦」を遠ざけようともがくのは、今もまったく変わりません。

その本質が変わらないからこそ、どんな時代でも仏教の教えは有用なのです。


また仏教は「死んだあとに極楽浄土にいくための教えじゃないの？」と考える人も多いでしょう。

しかし、お釈迦様の教えは一切皆苦という前提からスタートしています。

その「苦」を遠ざけ、生きている「今」をイキイキと過ごすための教えが仏教です。

仏教は、決して「死んで極楽に行くために〝今〟を犠牲にする」ことを提案しているわけではないのです。


ボクは、仏教はとても合理的に考えられた教えだと思っています。

「人生は〝苦〟に満ちている」

というのは、悲観的だと考える人もいるでしょう。

でも、生きていれば誰でも問題や難関に突き当たります。

お釈迦様は、

「生きるというのは、ラクなことではない」

と、最初にいさぎよく認めています。

その上で、悩みや苦しみの原因を探り、さらに取り除く方法を示しているのが仏教なのです。


そのやり方は宗派によりさまざまです。

複数の経典を読むことを重視する宗派もあれば、坐禅などの修行を大切にしている宗派もあります。

また、各宗派により教義や仏教の理想も異なるため、祀られているご本尊も宗派によって異なります。

「なぜ、悟りを開いたのはお釈迦様だけなのに、たくさんの仏様がいるのか？」

とあなたは思うかもしれません。

仏教では、地球上で悟りを開いたのはお釈迦様だけだと言われています。

しかしお釈迦様は、大宇宙には自分以外にも数えきれないほどの仏様がいると説い

仏教は今、救われるための教えです。
悩みや苦しみから
解放されることを目指します。

ており、そのうちの一人が、浄土真宗のご本尊である阿弥陀如来なのです。

浄土真宗の教えでは「阿弥陀如来の本願」が基本となっています。

阿弥陀如来は、自身が悟りを開いて仏になることができたのに「この世には、まだ苦しんでいる人が大勢いる。自分はその全員が救われるまでは仏にはならない」という願い（本願）を持っていたとされています。

また、阿弥陀如来は「自分に助けを求める者は、すべて極楽浄土に生まれ変わらせる」とも誓っています。

つまり阿弥陀如来は、出家して修行を積んだり厳しい戒律を守ったりしなくても、また、年齢や性別、身分や職業などは一切問わず、どんな人でも全員を必ず救うと誓ったのです。

ここから「南無阿弥陀仏（阿弥陀様にお任せします）」と唱えれば、誰もが救われるという浄土真宗の教えが始まったのです。

つまり仏教とは、宗派による違いはあれど、根本的には問題解決の手法を提案する合理的な教えなのです。

親鸞の生きた時代は、現代に似ている

浄土真宗の開祖である親鸞が生きた時代は、仏教の世界観でいう「末法の時代」を迎えていました。

末法の時代とは「お釈迦様が入滅（亡くなること）してから2000年後には、仏教の正しい教えが衰滅し、世の終わりが近づく」という考えに基づいた時代です。

またその頃は、権力抗争から争いが絶えず、地震などの災害にも襲われたこともあり、庶民の間では飢餓が蔓延していました。

まさに「この世の終わり」の状態だったのです。

まるで、世界中で経済的な覇権をめぐる争いが日常的に起こり、変異したウイルスが人々を脅かし、先行きが不透明で不安があふれている現代と同じです。

そんなときに悠長に、仏教の教えを学びながら悟りを開いていこうとしても、どれ

ほどの人が幸せになれるでしょうか。

「最も苦しみながら、忙しく日々の生活に追われている人こそ救われるべき」と考えたのが親鸞です。


9歳で得度した親鸞は、29歳までの20年間、京都の北東にそびえる比叡山の延暦寺で、ひたすら仏の教えについて学び続けます。

死にものぐるいで修行を続けた親鸞でしたが、次第に「この世の終わり」の状態の中、今、目の前で苦しむ民衆に仏教は役に立っているのかと悩むようになります。

そして、「本来なら、最も救われるべき民衆にこそ役立つ教え」を求めて、比叡山を下り「南無阿弥陀仏と唱えるだけで救われる」と勧める法然の存在を耳にします。

法然は、13歳（一説には15歳）で出家して比叡山で30年間、修行を積んだ高僧です。

そしてなんの救いもない「末法の世」の平安時代に苦しむ民衆に希望をもたらしたのが、法然が伝える浄土信仰だったと言われています。


浄土信仰では、これまで説かれていた「修行を重ねて悟りを目指す」のではなく、

「〝南無阿弥陀仏〟と唱えるだけで誰もが救われる」と教えます。

学問や修行では決して救われることがなく、30年もの間、苦悩した末に念仏の教えにたどり着いた法然の姿に、親鸞は自分を重ね合わせます。

そして「ただ念仏して、阿弥陀仏に助けられなさい」という教えに、本来の仏教のあり方である「すべての苦を克服する」という真実を見出したのです。

浄土真宗は、乱世の時代に苦しむ庶民を「今すぐ」救う具体的な方法を示すために生まれた教えです。

つまり、さまざまな悩みを抱えながらも日々を生きている現代人に、「生きている今」に幸せになる方法を伝えるための教えなのです。

「今」をよりよく生きるってどういうこと？

ボクたちはみんな、毎日を懸命に生きています。

家事や仕事などのやるべきことを欠かさず、まわりとの人間関係を良好に保つために努力する。

これって「今」を生きていることにならないの？と、あなたは思うかもしれません。

人間は1日に6〜7万回、何かを考えていると言われています。

寝ている時間を除いたら、ほとんど毎秒、何かしら考えていることになりますね。

自分ではそんなにたくさんのことを考えているつもりはないかもしれませんが、人は無意識のうちにいろいろ考えているのです。

でも、6万回も考えているうちの8割が過去のこと。しかもほとんどが、

「なんで、あんなこと言っちゃったんだろう」

「このまま、営業成績が上がらなかったらどうしよう」

といったことだと言われています。

つまり、すでに起きてしまったり、まだ何も始まっていなかったりする、考えてもどうにもならないこと、変えられないことに時間とエネルギーを費やしているのです。

これでは「今」を生きていることにならないとボクは考えます。

ボクは「今を生きる」というのは、今ある瞬間に意識を集中して、自分を幸せにしようとすることだと思っています。

死ぬ直前にほとんどの人が、「もっと自分を幸せにしてあげればよかった」と後悔していた事実を思い出してください。

毎日、生活することに一生懸命で、生きることについて考える余裕がない。

それが多くの人の現実だと思います。

でもそれでは、死ぬ前に後悔することになりかねません。

「今を生きる」ために、何かをガラリと変えたり、特別なことをしたりする必要はありません。

仏教の教えを活用すれば、今、あなたがいるところで、よりよく生きることができるのです。

科学的には「明日は来るかどうかわからない」がほんとう？

いくら科学が発達しても、人間は一瞬さえも未来を体験することはできません。

3秒後はすぐに「今」となり、ボクたちはつねに「今」を生きています。

同じことは「明日」にも言えます。

実は、科学的には「明日があるかどうかはわからない」というのが答えです。

明日になればその「明日」は今日になり、体験することはできないからです。

実はボクたちは、「明日は必ずやってくる」という信念を共有して生きているだけなのです。

ですからスティーブ・ジョブズのように「人生で最後の日かもしれない」と考えて今日を生きるのが、今をせいいっぱい生きることにつながります。

後悔しない生き方、
それは今の自分を幸せにすること。

今を生きるというと「刹那的」だと思う人もいるかもしれません。

一般的には「刹那的に生きる」というと「過去も未来も考えず、感情にまかせて一時的な快楽を求める生き方」と考えられがちです。

でも「刹那」という言葉は仏教用語で「極めて短い瞬間」を指します。

仏教でいう「刹那主義」は「今がよければ、過去も未来もどうでもいい」という投げやりな生き方ではなく「今がよくなければ、過去も未来もよくならない」という、今を大切にする姿勢を示します。

75分の1秒というごく短い「一刹那」でも、充実させて生きようという意味が込められているのです。

お釈迦様は「過ぎ去ったことにくよくよするな、そしてまだ来ない未来を思い煩うな」とおっしゃっています。

瞬間の連続が人生であり、「今」という瞬間が満たされていれば、その瞬間を成り立たせている過去や未来に不満や不安を抱くことはないと考えられているのです。

ではいったいどうしたら、「刹那的に」「今をよりよく生きる」ことができるのか。

第2章では、そのための親鸞の教えを現代的にわかりやすく解説していきましょう。

第2章

人生を変える仏教の教え

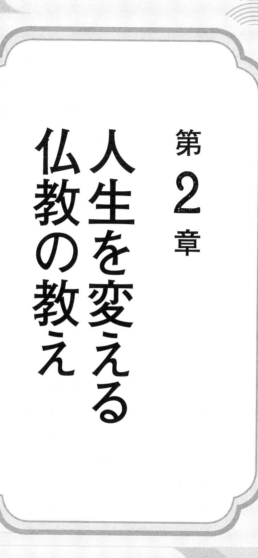

人生を変えるのに修行はいらない！

浄土真宗の開祖である親鸞は、仏教史上、最も「わきまえなかった」僧侶だと言えるのではないかと思います。

仏教の宗派の多くは、自分の欲や怒りなどの「煩悩」を抑える修行を重ね、悟りを開くことを目的としています。

煩悩を手放すよう努力、精進するわけですから「食欲」や「財欲」「色欲」などを満たすことは禁じられています。

しかし親鸞は、仏教史上初めて正式に結婚し、肉食していることも隠しませんでした。

また、それまで主流であった「修行を重ねて悟りを目指す」のではなく、「長く苦しい修行は必要ない。〝南無阿弥陀仏〟と唱えるだけで誰もが救われる」と説きました。

仏教界では「当たりまえ」とされていたことからかけ離れた親鸞の行動や教えは、当時、どれほどセンセーショナルだったことでしょう。

ただ親鸞が「わきまえていない」行動をとったからこそ、それまでは上層階級が学ぶものだった仏教の教えが庶民に伝わり、たくさんの人が救われたのです。

そんな親鸞の教えは、悩みながら現代を生きるボクたちにも必ず役に立つものだと思います。

なぜならボクは「修行」こそが、仏教を「近寄りがたいもの」にしている最も大きな要因の一つだと考えているからです。

親鸞の教えをもとにしたこの本は、そもそも「修行はいらない」と言っている時点で、仏教界の習わしを「わきまえていない」かもしれません。

でも、仏教について書かれた本の多くについて、

「ありがたいんだけど、わかりづらい」

「なんとなく、いいことを聞いた気にはなるんだけど、人生に役立ったかどうかわからない」

という声が多いのも事実です。

この本ではもしかしたら、これまでの仏教本とは大幅に異なる悩みの解決策を提案するかもしれません。

でも、迷い悩む人が思い切って、一歩踏み出せるようなやり方をお伝えしているつもりです。


「お釈迦様の教える仏教が、宗派によってそんなに違っていていいの？」と、あなたは思うかもしれませんね。

ボクは、宗派によってやるべきことが違うのは、単に「今をよりよく生きる」ためのアプローチの違いだと考えます。

どの宗派が正しくて、どれが間違っているなどありません。

あなたの心に響くやり方を選べばいいのです。

お釈迦様が提唱した教えは一つです。

ただお釈迦様の死後に、説法の内容が多くの弟子の解釈により、さまざまな形で残されていたのです。

「ほんとうに大切なもの」には執着すればいい

仏教の基本スタンスとして「あらゆるものや人に対する執着をなくすと、〝苦〟を手放せる」があります。

そのため、多くの宗派では執着を減らしたり手放したりすることが、幸せになる近道だとされています。

でもボクは、欲や執着心をムリに抑えようとする必要はないと考えます。

欲や執着心は、物事を成し遂げる強いエネルギーになり得るからです。

また、この世で生きていて、欲や執着心を完全に手放すことはむずかしいでしょう。

ボクだって「よけいな欲は捨てたい」という気持ちが強くあり、言葉を変えればこれは「欲を捨てる」ことに執着していると言えます。

「悟りを開こう」として修行をしている僧侶だって、「悟りを開く」ことに執着しているとも言えるでしょう。


お金が欲しいなら、とことん稼ごうと働いてみるのもいい。

好きな人に振り向いてもらおうと、あらゆる手を尽くしてみるのもいい。

そうすることで、もし望んだ結果にならなかったとしても、自分がほんとうに何を求め、何を大切にしたいのかが見えてくるからです。


今をよりよく生きるためには、こうしてわかった自分にとって「ほんとうに大切なもの」から満たしてあげるのが大切です。

ボクにとっては、経営者としてたくさんのビジネスを運営しお金を稼ぐことよりも、ビジネスはそこそこにしてでも、心を許せる人と会い、食事をしながら楽しい時間を過ごすほうが何倍も大切なこと。

昼も夜もなく働けば、もっと稼げるにもかかわらずです。

ただし、あれもこれも追い求めるのではなく、しっかりと自分なりの優先順位を見極めなければなりません。

ほんとうに大切なものにだけ、
執着しよう。

何を大切にすれば、自分が心から幸せになるのか。

それがわかるまでには、あれこれ試してみる時間が必要でしょう。

ボクは、ビジネスで成功しようと必死だったときに、さまざまなビジネス書に影響されて、毎日のようにいい口グセを唱えてみたり、やたらと「ありがとう」を連発したりしたこともありました(笑)。

でも、当然ですが、そのやり方ではビジネスが思い通りにいくことはありませんでした。

また、そのやり方で幸せな気持ちになったこともなかったため、世間で言われている「幸せになる法則」のようなものは、誰にでも当てはまるわけではないと実感しました。

こうして、本気でいろいろなことにトライしているうちに、自分なりの幸せが見えてきたのです。

あなたにとって「手放したほうが幸せになれる」のは何？

「ほんとうに大切なもの」に正解はありません。

人によって、大切にしたいものは異なっていいのです。

ただ、自分にとっての優先順位が見えてこないうちは、よけいなものに執着してしまうかもしれません。


仏教では、人を苦しめ惑わせる心のことを煩悩と呼びます。

一人一人に108あると言われ、中でも幸せになるのを妨げる、深刻なものを「三毒」と呼んでいます。

「三毒」は「貪瞋痴《とんじんち》」と言われ、「貪」は強欲、「瞋」は怒り、そして「痴」が怨みです。

そしてこれらに執着することが、幸せを遠ざけてしまうのです。

ボクがこれまで、数多くの人の相談にのってきた結果、人の悩みは「お金」「愛」「他人の評価」に集約されることに気づきました。

また、一人一人の問題は異なるように見えて、先の三つに「怒り」「嫉妬」「見栄」がからんだものばかりです。

これは、仏教が教える三毒に見事に当てはまります。

・貪《とん》＝強欲（お金、愛）
・瞋《じん》＝怒り
・痴《ち》＝怨み（他人の評価、見栄、嫉妬）

次からそれぞれについて、どんな執着なのか詳しく説明していきます。

誰もが、これらのうちの何かしらに執着しているはずです。

それに気づいたら、執着とどう付き合うか、ボクと一緒に考えていきましょう。

執着しているものが、あなたにとってほんとうに大切なものかどうか。

そこが、執着をどう扱うか見極めるポイントです。

ほんとうに大切なものではないとわかったら減らすようにすればいいのです。

そうすることで、一つ、心から大事にしたいものに近づくことができるのではないでしょうか。

お金を大切にするのと、お金に執着するのは違う

仏教というと、修行中の僧侶のように「清貧な生活を送る教え」と考える人が少なくありません。

でもお釈迦様は、２５００年前に「経済的な安定が、家族とその属する社会の健全な秩序を維持するために重要」だと言っています。

つまり、お金を気にかけ、大切にすることはいいことだと説いているのです。

お金のことを考え、お金を得ようとする姿勢に後ろめたさを感じる必要はないのです。

ただし、お金に執着するのはよくありません。

ボクは「お金に執着する」というのは、多くを手にしたいと追いかけるのではなく「失いたくない」と出ししぶることだと考えます。

ムダ使いをなくして貯金を増やすために、毎月の予算を決める。

投資で効率よくお金を増やしたいから、経済や投資の仕組みの勉強をする。

こうした態度を「執着」だとは思いません。

むしろ、お金を大切にしていると言えます。


その一方で「お金に執着する」というのは、とにかく1円でも失いたくないとお金を囲い込もうとすることです。

すると、日常生活に必要なものを買うときにさえ、お金が出て行くことに痛みを感じる。

たとえ、どんなに裕福であっても同じです。

持っているものが減るのがつらくてたまらない。日々、そうしてお金に執着して暮らしていたら、心まで貧しくなってしまうでしょう。

「足るを知る」

ノーベル経済学賞を受賞した経験のある心理学者、ダニエル・カーネマン教授の研究によると、人の幸福度は「年収7万5000ドル（約900万円）」までは金額に比例して上がりますが、この金額を越えると比例しなくなるそうです。

日本でも、年収が800万円を越えると、人生の満足度が下がっていくという研究もあります。

あなたはこの調査結果が意外だと思うでしょうか。

もちろん、収入が少なくて、満足がいくほどの食べものが得られなかったり、住むところにも困るようだったら、お金を得ることが直接、幸せにつながるでしょう。

でも、人の幸せには、健康、夢、人間関係などお金以外のいろいろな要素が影響します。

たとえば、ほとんどの人は、年間300万円の給料をもらえる会社と、1000万円もらえる会社だったら、1000万のほうが「いいに決まっている！」と考えるでしょう。

でも、1000万円のお給料が、休みなく働いて体を壊し、家庭も崩壊するという犠牲の結果の上に成り立ったものであれば当然、幸せの決算は赤字です。

「収入は多ければ多いほど、いいもの」というわけではないのです。

ボクは、お金を求めるのが悪いことだと思っていません。

お金があれば、大切な人や家族を守ったり、やりたいことができる確率も高くなるでしょう。

でも、他人にあって自分にないものにばかり目を向けて、すべてを欲しがっていたら、いくら収入があっても足りません。

心から幸せを感じる日々を送るためには「足るを知る」ことが大切です。

「足るを知る」と言う言葉の意味は、一般的には「必要最低限でガマンする」と思われがちです。

でも、ボクの解釈は違います。

「足るを知る」というのは、自分の外側にあるものに心を動かされて欲しがるのではなく、今すでに満たされていることに気づくことだと考えます。

これはすべての人に言えることではないかもしれません。今日食べる物に困っている人に「足るを知る」と言えるでしょうか。

ただ、少なくとも今、この本を買う余裕のあるあなたであれば、ないものを求める前に今ある自分に感謝することができるはずです。

お金は「体験」するために使う

アメリカで、90歳以上の人たちに「90年の人生で、後悔していることはありますか」とアンケートを取ったら、

「もっと冒険しておけばよかった」

という答えが1位だったと言います。

これはつまり、お金の使い道として、

「思い切って、無難なセダンではなく、カッコいい車を買っておけばよかった」

「もっと大きな家に住みたかった」

「もっとブランドもので着飾りたかった」

などではなく、冒険という体験をしておけばよかったということです。


もちろん、欲しかったものが手に入れば、幸せな気分になるでしょう。

ところが、どれだけ手に入れたいと願ったものでも、その喜びは買った直後がマックスで、そこからは下がる一方だと言われています。

せっかくお金を使うなら、より多くの幸福感を得られる使い方をしたほうがいいとボクは考えます。

そのためには、「体験」を買うことが大きなポイントなのです。

「体験」とは、特別な食事やコンサート、旅行など、モノではなく形のないものです。

もちろん「冒険」という意味を含めれば「スマホを持たずに、知らない駅で降り

お金は時間に使う。

る」「バンジージャンプをする」「富士山登山をする」「世界一周旅行をする」など、いくらだって考えつくことができます。

なぜ「体験」の幸福感が高いかというと、旅行を例に挙げるとわかりやすいでしょう。行く前からその土地には、どんな見どころがあって、どんな名物があるのか調べるだけでもワクワクしませんか。

もちろん「モノ」についても、手に入れたらこうしよう、ああしようと考えるのも楽しいでしょう。

でも、体験や冒険には、終わったあとも喜びを持続させる効果があります。

特に友人や家族など、誰かとともに出かけた旅行は、一緒に思い出を振り返るたびに、また楽しい気持ちがよみがえるでしょう。

体験や冒険は人と比較することがないのも、いいところです。

どのブランドの時計、どの年式の車を買ったかと他人と比べることはあっても、体験のおもしろさを競い合うことはないでしょう。

また、何かを体験するには時間が必要です。

ボクは、時間には限りがあり「時間＝命」だと考えて大切にしていますから、お金を命のために使うのが、何かを体験することだと考えています。

さまざまな体験は、自分でも思ってもみなかった心の動きや行動などを見つめ直すよい機会になります。

たとえば、旅行中に現地の珍しい食べ物にチャレンジしたり、その土地ならではの小物を手に入れたりすることが楽しければ「自分は新しい体験で幸せを感じるんだ」と知ることができます。

そうして体験を重ねることで、自分がほんとうに大切にしたいものがよりくっきりと見えてくるようになるでしょう。

今はコロナ禍で旅行といった体験はむずかしいかもしれません。でも、こんなときだからこそ、大切な人と時間を共有する価値が高くなっている。お金を使うときに少し思い出してみてください。

お金に対する執着を取り除くのが布施

あるとき、弟子たちと托鉢《たくはつ》に出かけたとき、お釈迦様が貧しいものばかりが住む集落に向かおうとしたそうです。

そこで弟子が「裕福な人々が住む地域になぜ行かないのか」とたずねたら「布施は貧しい者ほどしなければならない。たとえ米粒1つでも布施をして功徳を積んだら、今の貧乏から抜け出せる」とおっしゃったという話があります。

そしてそのときのお釈迦様は、托鉢で得たわずかな米でつくられた粥を食べながら説法したと言われています。

仏教では、貧しい人は「これまで他人に何も与えてこなかったから、そうなった」と考えます。

「与えるものに、与えられる」

これが「布施」と言われる、仏教の基本的な考え方なのです（布施はもともと法施《ほうせ》、財施《ざいせ》、無財《むざい》の七施《しちせ》がありますが、ここではあえて財施の意味で使います）。

お金への執着を減らすためには、お金を誰か、そして何か自分以外のためになることに使ってみるのがいいでしょう。

たとえば、コンビニのレジ脇にある寄付金ボックスに小銭を入れるのもいい。お世話になっている人にプレゼントを贈るのもいいでしょう。手放すことで、すがすがしい気持ちになれるものに使ってみるのです。

ここで大切なのは、惜しんだり、痛みを感じたりしない金額を寄付するのが重要です。小銭入れにたまった1円玉、5円玉でもいいのです。

寄付するのがつらくなければ、１００円、５００円と増やせばいいでしょう。気持ちよく手放すことで、心の豊かさを感じることができる。

たとえ小さな金額でも、積み重ねていけば、自然とお金の執着が減ってくるはずです。

仏教で「愛」にあたる言葉は慈悲

現代の日本で「あなたの人生で、最も大切なものは何？」と聞くと、「愛」と答える人がダントツに多いそうです。

多くの人がイメージする「愛」は、誰かを好きになることだったり、人に親切にすることだったりと、ポジティブなものでしょう。子どもやペットをかわいがったり、人を尊敬することも「愛」に含まれるかもしれません。

でも実は、仏教では「愛」は否定的にとらえられています。

原始仏教の経典にも「愛より憂いが生じ、愛より恐れが生ず」と書かれており、愛から離れた人には〝苦〟がなくなると言われています。

つまり、仏教でいう「愛」とは、愛欲や過度な愛着を持つことを意味し、人、モノ、お金、名声などに執着する心のことだとされているのです。

このように、仏教の言葉では「愛＝執着」という意味になりますが、ここでは一般的に言われる「愛」に執着してしまうと何がよくないのかを説明しましょう。

「彼がいなくなったら、生きていけない！」と執着してしまうのは、自分の心に欠けている何かを「外側」に求めているということです。

好きな人だけでなく、無理してブランドものを買いあさったり、職場での地位にしがみつくのも同じです。

満たされていない気持ちを、他人やモノ、地位などで埋めようとしているのです。

そもそも仏教は「あらゆる悩みの原因は、自分の内側にある」と説く教えです。

自分自身の「内側」から目をそらし、何かに執着していても、愛情の問題はいつまでたっても解決しないでしょう。

では、仏教では「愛」は不要と考えられ、「愛」の概念がないかというとそんなことはありません。

仏教でいう「愛」は、もっと幅広く「慈悲」を指します。

「慈悲」とは「生きているすべてが苦しみから解放されて、幸せを得られるように」と願い、行動することなのです。

ギブ＆テイクの愛は不幸を招く⁉

あるとき、ボクは知り合いの男性からこんな相談を受けました。

10年以上も付き合っている彼女がいて「行きたい！」と言われる場所には必ず連れていき、「欲しい！」というものは、ほとんど買ってあげている。

それなのに、自分から「ここに一緒に行こう」「次のデートはこれをしない？」と提案すると、ことごとく断られるというのです。

「彼女はほんとうは、自分のことを愛していないんじゃないか？」

そうこぼしていました。

ボクがその男性に答えたのは、

「彼女がどうというよりも、あなた自身が彼女の行きたいところに連れて行くことや、何かを買ってあげることで幸せならやればいいし、やりたくないことはやらなければいい」

ということです。

「モノを買ってあげたから、自分の要望も聞いてもらおう」または「1回言うことを聞いてあげたから次はボクの番」というような「ギブ&テイク」を求める関係は、執着を生む原因となります。

特に恋愛関係においては、何かを差し出したから、同じように返してほしいと期待しないほうがいいでしょう。

もちろん、誰にだって「見返りがほしい」という気持ちはありますから、すべてを否定するわけではないのです。

礼儀正しくあいさつをするのは「いい人」だと思われたいから。

人にやさしくするのは、相手にもやさしくしてほしいから。

そんな気持ちから行動するのも悪いことではありません。

でも「何をやってでも相手に気に入られたい」と考えて、ひたすら相手の要望を受け入れていると、行動の基準が自分ではなく他人になります。

そして、何をすれば自分が幸せになるかを見失って、この相談者の男性のように相手の気持ちを疑うようになってしまうのです。

自分の心が心地いいと感じる範囲のことは、せいいっぱいやってあげる。

そうでなければ、やんわりと断るか、自分のできることで代案を提案すればいいのです。

「何のためにしているのか」わからない努力はやめよう

よくご相談を受けるご夫婦の悩みにこんなものがあります。

愛はギブ&ギブ。

夫は「家族のため」と考えて、残業して休日も出勤してひたすら働いている。妻も、忙しい夫のためにに、家事を完璧にこなし子育ても一人で引き受け奮闘しています。

お互いのためを思って努力をしているはずなのに、がんばればがんばるほど、夫は家にいる時間がなくなって疲れ果て、妻は話したり相談したりする相手がいなくてストレスがたまる。

これは、お互いに目的を見失った努力をしてしまっているのではないでしょうか。

こんな状態が続くと、お互いに「自分は一生懸命やっているのに……」と、自分の気持ちや行動にばかり執着してしまい、相手がほんとうに望むものが見えなくなってしまうことがよくあります。

多くの人は、「努力することはよいこと」だと無意識に刷り込まれ、苦労した分だけ成果が得られるはずと思い込んでいます。

しかし、目指すところが明確でなかったり、間違った方向へ向かう努力は実ることはありません。

2人とも「お互いを幸せにするため」に一生懸命、がんばっているはずです。

でも、だんだんと向かう方向がずれてきているのです。

「努力は必ず報われる」と信じて、目的地に向かわない努力をひたすら続けるのはやめましょう。

夫は、収入が多少減ってもときには休みを取り、家族と1日一緒に過ごす。

妻も、家事や育児は誰かの助けを借りてもいい。その代わり、心にゆとりを持って夫の話を聞いたり、疲れを癒すようなことを考える。

それがお互いに、不毛な執着を生み出さないコツだと言えるでしょう。

仏教ではどんなときでも「怒り」はよくないとされている

仕事が思うようにいかない、人からイヤな態度をとられた、順番待ちが長くてイライラするなど「怒り」を感じる場面は、日常的にいろいろとあるでしょう。

「怒り」は、爆発させれば人間関係にヒビが入りますし、ぐっと飲み込んでもストレスがたまる。

怒りの対応は誰にとっても切実でしょう。

「怒り」は、肉体的、そして精神的に「危険にさらされた」と感じると起こります。たとえば、わき見をして走ってきた自転車にぶつかりそうになったら、自分の体が危険にさらされるわけですから「おい！　何やってるんだ」と怒りがわきます。

精神的には、自分を認めてくれない、ウソをつかれた、思い通りにいかないなど、自身の存在が脅かされると怒りを感じるはずです。「自分はもしかしたら、こんなところがダメなのかも？」と薄々感じていることがあり、誰かにそこを突かれたときに怒りを感じるのも同じ理由からでしょう。

でも仏教では、たとえどんなことが原因であれ、またどんなときでも「怒る」という行為は悪いと説いています。

「怒り」は、怒られた相手だけでなく、怒った本人にも毒のように悪影響を及ぼし、関わる人全員を不幸にするとまで言われているのです。

仏教の基本を貫く思想に「因果の道理」があります。

これは、簡単に言うと「どんな結果にも、必ず原因がある。原因のない結果はあり得ない」ということです。

お釈迦様は「因果の道理」は、世の中の真実であり、すべてのものごとには原因と結果が必ずあると言っています。

つまり「怒り」が原因で生み出すものには、よい結果が生まれるはずがないということなのです。

ボクは20代の頃、いくつもの会社を経営していたとき、毎日のように社員を怒鳴り散らしていました。

思い通りに動いてくれない社員にイラ立ち、威圧的に攻撃してその場でいうことを聞かせようとしていたのです。

今から考えると、怒っている自分もイヤな気持ちになり、さらにイライラが重なるばかり。

その場は丸く収まったように見えても、期待したようないい結果になることは結果的にありませんでした。

怒らなきゃいけない場面などない

心理学などでは、怒りはため込まないで発散させたほうがいいという考えがあります。

あなたも、

「怒るべきときもあるんじゃないの？」

と思うかもしれませんね。

一般的に怒りのピークは6秒で、それをやり過ごせば、あとあと後悔するようなことを口走らなくて済むと言われています。

怒りの衝動はたったの2秒。
怒りを感じたら、
その場を離れてみよう。

その上で、ボクはたった2秒でいいので、間をつくることが大事だと思っています。

お釈迦様は、一度、怒りを行動に移すと次も同じようにすると言っています。

言いたいこと、伝えたいことがあるのであれば、心を落ち着けたあとに説明すればいいのです。


ボクは最近では、めったに「怒り」を感じることはなくなりました。

でもそれでもイラッとすることはときどきあります。

そんなときボクは、黙ってその場を離れるようにしています。

たとえば、身近にいるパートナーの言葉に腹がたったとき、部屋の窓を開けに立ってみる。このちょっとした「間」をつくることで、気持ちが切り替わります。

そして心を落ち着けて、また会話を再開すればいいのです。


また、相手の何気ない一言にカチンときたとしましょう。

そんなときは、無理に気持ちを抑え込もうとするのではなく、「なんで、こう言われたら〝バカにされた〟と思うのかな？」と、自分の心の動きに目を向けるのです。

するとは「バカにされた」と思う、あなたの判断そのものが「怒り」を生み出していることがわかるでしょう。

人の価値観ではなく自分の望む人生を送ろう

SNSが全盛の現代は、他人の評価に取り囲まれています。

そのため、自分の行動を決める基準が「他人の評価」になりやすい。

「オシャレだと思われたいから、カフェに行く」

「〝リア充〟と思われるために、旅行に行く」

こうした休日の過ごし方くらいならまだしも、

「親が安定した職に就けというから公務員になる」

「世間で成功していると思われたいから、大企業に入る」など、人生を決める重大な決断でさえ、他人の価値観をそのまま受け入れてしまっている人が少なくありません。

「他人の評価」を気にしすぎると、自分の心の声に気づけなくなり、他人や世間の価値観の中で生きることになってしまいます。

これでは、自分の人生を、そして今をよりよく生きるのとは正反対の道を歩んでしまいます。

人の評価は、いくら努力しても自分でコントロールすることはできません。評価を上げることに力を注ぐのではなく、自分のやりたいこと、できることに集中したほうがいいのです。

仏教史上「最もわきまえなかった」僧侶である親鸞は、お坊さんのあるべき姿などわきまえず、人の評価に左右されることもありませんでした。

僧侶は、厳しい戒律を守り世俗から隔絶されて修行を積むのが当たりまえだった時代に、公式に結婚して4男3女をもうけ、肉食していることも隠しませんでした。

そして、平均寿命が30年という時代に、なんと90歳にも及ぶ、充実した生涯を過ごしたのです。

ボクは、他人の評価を気にするくらいなら、自分で自分を評価すればいいと思っています。

自分を評価するときの一つの方法は、昨日より変化したかです。

仕事で新しい企画を提案した。

今日は新しいレシピにチャレンジした。

どんなに小さなことでも構いません。

うまくいったとか、うまくいかなかったとかは関係ありません。

大げさなくらい、自分で自分をほめてあげればいいのです。

評価されることを目的にしない

最近は「自分はここにいる価値があるのだろうか」と不安を感じる若者が増えています。

おそらく「他人の評価」を気にするあまり、誰かに認められないと自分の価値がないと考えてしまうのでしょう。

他人に認められて、初めてあなたの価値が生まれるのではありません。

仏教では「あなたはそのままで価値がある」と説いています。

また他人はあなたの価値をしっかり見極めて評価しているわけではありません。

他人の評価は、評価する人の都合次第でコロコロ変わるもの。

人の意見は「無責任」だと考えるくらいでちょうどいいのです。

他人の評価は無責任。
自分で自分を評価しましょう。

たとえば、ボクがビジネスでうまくいっていたとき、仲間はみんな「よくやってい
る」と評価してくれました。
でも、ボクが相手にとって好ましくない仲間とつるんでいたり、ライバルだったり
すると、とたんに悪口を言われます。
しょせんは、自分にとって都合がいい人が「いい人」、都合が悪い人は「イヤなや
つ」。人は未知のものを恐怖から悪く言ったり、避けたりするものなのです。

他人の評価は相対的なことが多いもの。
比べる対象によっては、正反対の評価になるのもよくあることです。
異なる評価に一喜一憂することなく、人の評価があなたそのものの価値を変えるわ
けではないと思っていればいいのです。

でも、だからといってボクは「人からよく思われたい」という気持ちをすべて手放
せばいいと言っているわけではありません。
「いい人だと思われたい」という気持ちは、よい行いをする原動力になるからです。

電車の中でお年寄りに席を譲るとき、また、お店で店員さんに「ありがとう」と言うときに、人目をまったく気にしていない人はいないはずです。

またボクは「ほめられたい」「認められたい」といった気持ちは、今の生活をよりよくするためのモチベーションとして使えばいいと思っています。

「アイツよりも成果をあげたい」「あの人よりもうまくなりたい」という気持ちが、エネルギーとなって背中を押してくれるなら、大いに活用すればいいのです。

「自信」なんてなくていい

まわりからの評価を気にするあまり、「自分に自信がなくて、人生がうまくいかない」と相談を受けることがよくあります。

でもほとんどの場合、「自信がない」根拠は、自分の周囲にいる10人くらいと比べて劣っていると思っているだけ。

あなたがまわりより走るのが遅くても、周囲の人全員をオリンピックランナーと比べたら、誰も自信を持つことはできないはずです。

じゃあ、全員が「自分なんて、まだまだ」と思えばいいのかというと、それも違います。

仏教には「天上天下唯我独尊」という人間観があり、この世に生まれたからには、誰しもがほかに代わることができない貴重な存在だとしています。

なんの役にも立たない価値のない人間は一人もいない。

仏教はそう教えています。

一人一人の個性や得意を生かすことで、それぞれの人生が輝きます。

だから「自分なんて……」と卑下することなく、自分なりにできるようにやればいいのです。

ボクはまた、「自分はこれが得意」「ほかの人よりうまくできる」という自信は、合理的な考えではないと考えます。

なぜなら、比べる対象によってどのくらいできるかは変わりますし、状況が変わったら同じ成果を出せるかどうかわからないからです。

ビジネスやスポーツ界などで成功している人ほど謙虚なのは、このことがわかっているからでしょう。

いつ、どうなるかわからない。

だからこそ、そのときにできるベストを尽くす。

いらない自信を手放して、この姿勢を持つことが今を充実させるポイントなのです。

自信がなくても行動しよう

ボクは髪の毛を永久脱毛しています。

「増やしたい！」と考える人が大半の中で坊主にしていると、

「自分に自信があるんですね」

などと言われます。


でもボクは、自分に自信があったから髪の毛を脱毛したのではありません。

まだ20代で髪の毛が薄くなってきたときは「このままハゲたら、カッコ悪い」と真剣に悩みました。

あるとき、いつも通っていたサロンの担当者に「そんなに気になるなら、いっそのことスキンヘッドにしてみれば？」と言われたのをきっかけに、髪をバッサリと刈り上げたのです。

すると「似合う」「カッコいい」と、思った以上にまわりの評判がよかった。あまりにボクがハゲを気にしていたので、まわりが気を使っていたのでしょう。

それから、髪の状態に悩む時間がもったいないので、坊主を通しているのです。

このときボクが実感したのは、結果的に自分がどうか？というだけのこと。

「前にもやったけどダメだったから」

というのもよく聞く話です。

でも、25メートルを泳ごうとしている人が、「昨日は15メートルしか泳げなかったから自信がありません」と言ってあきらめるでしょうか。

練習もしないで「乗れるようになったら」自転車に乗ることも不可能です。

過去なんて関係ない。気にするだけムダです。

そのとき考えられる一番を選んで行動する。

結果がうまくいくか、いかないか、やってみなければわからない。

ダメならダメで別の道を選ぶだけ。

そうした、淡々とした行動を積み重ねていくと、自信も何も気にならなくなりました。

自分だけのことならそれでもいい。でも「仕事などほかの人が関わる状況で、やみくもに行動するのはちょっと……」と思う人もいるかもしれません。

でもボクは、仕事をしたり社会で生きていくなかで、たとえ結果がうまくいかなくても誰かの命に関わるような重大な結果をもたらす状況は、救命医療などを除き、そうそうないと考えます。

できることに力を尽くし、まわりが望んだ通りにならなくても、さほど気にする必要はないと思います。

そしてもう一度、自分ができることを考えてやり直せばいいのではないでしょうか。

「自信」にこだわりすぎると、自信が身につくまで決断を先送りするだけで時間がもったいない。時間は命の一部なのです。

また、自信をつけようとむやみにがんばりすぎることもあるでしょう。

自信は行動した結果、時間とともに身につくもの。

そう考えて、自信を持つことへの執着も減らしていけば、グッとラクになるはずです。

ほとんどが自己満足の「見栄」

誰にでも「人によく思われたい」という気持ちがあります。

自信は最初から身につかない。
行動の積み重ねで
少しずつ生まれるもの。

人によって「よく見せたい」と思う分野はさまざまでしょう。

経済的に余裕があるように見せたい人。

家柄が良く、文化的に見せたい人。

知識が豊富で「知的」に見せたい人もいるでしょう。

残念ながら、よく見せたい人ほどそう見られず、隠したい人ほどにじみ出てしまうものです。

ボクはというと、今はあらゆることに対して「執着がない」「こだわりがない」と言えるかもしれません。


でも昔のボクは、今と違い、ほんとうにくだらないことで見栄を張っていました。

「儲かっている」「オシャレ」と思われたいがために、高級ブランドの限定バージョンの時計を「右腕」にする。

なぜなら、雑誌に「こだわりのある人は右腕に時計をする」と書いてあったから。

また、右腕に時計をすると、右利きの場合、よく動かして使う機会が多い、つまり、時計を見せびらかすチャンスが増えるからです。

会社の借金も儲けも現実より大きな数字を言っていました。

でも、世の中はその時計がホンモノかニセモノかも興味がない人が大半です。

また、そんなものを見せびらかしても嫉妬されるばかりで、いいことはあまりありませんでした。

ボクは、「見栄」は、ほとんどが自己満足だとあとから実感したのです。


ここで一つ、お伝えしたいのが、「見栄」と「プライド」は違うということです。

見栄は、まわりに対し、自分を実際以上によく見せようとする気持ちのこと。

一方でプライドは、自分自身や自分の言動に対する誇りのことです。

言葉を変えれば、見栄が「こう思われたい」という外側を意識した気持ちに対し、プライドは自分の内側に目を向け、自尊心を維持する心です。

そのためプライドは、自分を奮い立たせるエネルギーとなることも多く、手放す必要はないと考えます。


多くの見栄は、お金や知識など「自分には足りない」と思っているものがあることから生まれます。

ボクは、足りないものに目を向けるのではなく、今あるものを知り、すでに手にしている幸せを最大化していくことが、よりよい人生を送る近道だと考えます。

今に不満を抱え「足りないものを手に入れたら幸せになれるはず」という考えだと、何かを手にしてもまた、新たに満たされない思いが出てくるばかりです。

見栄を少しずつ減らしていくためには、自分なりの幸せを追い求めてみることから始めるのもいいでしょう。

徹底的に自分の幸せを追い求めてみよう

仏教というと「幸せや安らぎの境地」に至る方法として、他人に奉仕することを提案している面が強調されることが少なくありません。

もちろん人間には、人に喜ばれれば自分もうれしくなるという性質がありますから、

見栄とプライドはまったくの別モノ。

人のためにできることをするのも、今を充実させるためには大切なことです。

1979年にノーベル平和賞を受賞したマザー・テレサは、「世界平和のために、私たちは何をしたらいいでしょう？」と質問され、

「家に帰って家族を愛しなさい」

と答えたという話は有名です。

つまりマザー・テレサは、人類のことを考える前に、まず自分と家族を幸せにしようと言っているのです。

これは今、目の前の人を幸せにする家族という最小単位のコミュニティーを軸にすべて当てはまるものだと思います。

人は自分が満たされていないときに、ほかの人の幸せを心から願うことは難しい。

義務感でまわりに何かしようとしても、自分の心に不満やしんどさが積み重なるばかりでしょう。

また、以前のボクのように「自分を飾るモノ」や「大きく見せようとする言動」な

どで見栄を張りがちです。


これでは、今をよりよく生きるのは難しくなります。

まずは、徹底的に自分と家族の幸せを追い求めることです。

自分や家族だけの幸せを真っ先に考えるのは、決して「利己的」ではありません。

人生の主人公は自分（と家族）です。

あなたが存在するということは、必ず誰かがいて生まれたということです。

大きくなるまでに、誰とも関わらずに育つ人もいないでしょう。

家族は、最小単位の社会なのです。

会社や社会に幸せにしてもらうのではなく、まずは自分で自分と家族を満たしてあげる。

自分や家族が笑顔になれること、好きなことをやる時間を増やす。

そこから、他人と比べる必要のない、自分なりの幸せが始まるのではないでしょうか。

人の心を蝕む、恐ろしい感情が「嫉妬」

仏教で「嫉妬」は、最も人の心を蝕む、恐ろしい感情だとされています。

また、自分ではなかなか自覚したりコントロールしたりできないのが嫉妬だと言えるでしょう。

好きな人が、テレビに出ている女優さんを「キレイだね」と言っただけで「たいしたことないじゃない」とムカムカする。

同僚の海外転勤が決まったら「なんでオレじゃないんだ」と嘆く。

思い通りの家を建てた友人の、幸せそうな顔を見ても素直に「おめでとう！」と喜べない。

多くの場合、人は嫉妬の対象に怒りを向け「自分は嫉妬なんかしていない」と思い込みたがります。

振り返れば、ボクだって子どものころから、自分にないものを持っている人にずっと嫉妬を感じていました。

二重のハッキリした目元の男子がモテていたら「ボクのほうがカッコいいのに」と思う。

家柄がいいお坊ちゃん育ちの同級生をうらやんだこともあります。

20代になり複数のビジネスを経営し、はたから見れば「成功」していたときでさえ、嫉妬の気持ちがなくなることはありませんでした。

一流企業で働く友人たちと自分を比べてうらやみ、「負けたくない」と外見的な見栄ばかり張っていました。

それで何かに勝った気になっていたのは最初だけ。

他人への嫉妬から生まれた行動は、どんどん自分をむなしくさせるだけでした。

嫉妬の気持ちは、必ず他人と比べることから生まれます。

人と比較して「あいつが上だ」「自分のほうがすごい」と優劣をつけることばかりしていたら、勝つこともあるかもしれないけれど、必ずどこかで誰かに負けることもあるでしょう。

そんな不毛な争いで、エネルギーをすり減らしていたら、今を幸せに生きることがむずかしくなるでしょう。

ナンバー1になる、誰かよりも上位に立つことを目指すのではなく、自分にあるものを認めて生かし、オンリーワンになったほうがいいのです。

嫉妬の気持ちは素直に相手に伝えるのがいい

「人をうらやむ」という気持ちを手放すのはなかなか難しい。

でも、自分より秀でている人、成功している人の足を引っ張って引きずり下ろしても、自分の立ち位置は変わりません。

そうであれば、嫉妬の気持ちをエネルギーに変えて、自分が一歩、前に踏み出すようにしたほうがよほどいいのではないでしょうか。

ボクは「嫉妬」している相手に、素直に「うらやましい」と伝えるようにしてから、ずいぶんと毎日がラクになりました。

たとえば、自分と比べて年商が何十倍もある、大企業を経営する同級生に対して、「お前はすごいな、儲かっていてうらやましい」

「どうやってうまくいったの？」

と聞いてみたことがあります。

すると彼は、質問したボクが恥ずかしくなるようなほど、自分をコントロールし、小さな努力を積み重ねていたことがわかりました。

それまでは、勝手に「アイツが成功しているのは、2代目だからに違いない」「親も家族も協力的だから、一匹オオカミのボクとは違うんだ」と思い込んでいたのです。

でも、実際に何をしていたかの話を聞いた瞬間に、嫉妬の気持ちは尊敬に変わりました。

またよく「平気で〝うらやましい〟と言える、愛葉くんがうらやましい」と言われることもあります。

「嫉妬」の気持ちを素直に伝えるのは、男女関係でも有効です。

ボクは、自分と付き合う女性が、ボク以外の男性の話をすると、

「ほかの男の話を聞くと嫉妬するから、そんな話はしないでほしい」

「聞かなければ嫉妬のしようがないから、一緒にいるときにほかの男の話はやめてね」

と伝えます。

すると、駆け引きのように、ほかの男性の話をしていたのがピッタリと止まり、仲良くなれることもあるのです。

人の「欲」は尽きることはない

ボクが20代でビジネスをしていたときは、知らないことだらけ。

嫉妬したら、
素直に「うらやましい」と言う。

商品の売買をより大きくすることができても、社員を教育したり、自分が経営に集中するために事業の仕組みをつくるなど、考えたこともありませんでした。

そのため、しょっちゅうトラブルに見舞われて、年上の経営者に相談していました。当時のボクは「若僧」扱いされるのがイヤで、早く大人になりたい、30代、40代の尊敬する経営者のようになりたいと思っていました。

でもそんなボクに、先輩たちは皆、口をそろえて「今が一番いいときだなぁ」と言うのです。

その頃は、なぜそう言われるのかまったく意味がわかりませんでした。

でも、今ならわかります。

死ぬ気でがんばり、失敗してもへこたれない気力や体力があるのは、若いうちの特権だからです。

20代の頃とは逆に、40代も半ばになった今は、友人たちのまだ幼い子どもを見ると、無限の可能性を秘めているのをうらやましく感じます。

人間はしょせん、ないものねだりなのです。

だからといって「ああいう風になりたい」「これを実現したい」という欲望をすべてなくしてしまうことが、今を幸せに生きる道だとはボクは思いません。

たしかに仏教には、欲や煩悩を抑えて悟りを目指すという、ストイックな面もあります。

でも、親鸞はそう説いてはいません。

ボクも「お金」「愛」「他人の評価」「見栄」などをコントロールすることは、一歩前に進む力になり得ると思っています。

ただ「人の欲は尽きることはない」と知っておかなければなりません。

すると、自分の今を充実させるための欲望と、ただ「何かが足りない」と不足感から出てくる欲望の区別がつくようになるはずです。

そうなれば、手放すべき欲望がどれか自然にわかってくるでしょう。

手放すものと手放さないものの基準とは？

ボクは、親鸞の教えに出会い、死を意識して「今」を充実させるようになってから、会う人にときおり「愛葉さんは、悟ってますね」と言われますが、自分でもおどろきます。

でもボクは、悟りの境地になどまったく……（笑）。

まだまだ欲だらけだとも言えますが、試行錯誤しながら、ここまでお話ししてきた、「お金」「愛」「怒り」「嫉妬」「他人の評価」「見栄」を、少しずつでも手放す、またはコントロールするようにしてきました。

人は生きているだけで、知らず知らずにいろいろなものをため込みます。

心にべったり貼りついた何かのせいで、仏教でいう「苦」（思い通りにならないこと）が生まれていることも少なくありません。

「でも、〝執着〟をすべて手放したら、〝世捨て人〟のようになってしまわない？」

と思う人もいるでしょう。

ボクは、「お金」「愛」「怒り」「嫉妬」「他人の評価」「見栄」をすべて手放すようにオススメしているわけではありません。

どうやって少しずつ減らしながら、うまくコントロールしていくかをお伝えしたかったのです。

人が、モノやコト、そして人に執着してしまうほんとうの理由は、自分の気持ちを見ないようにするためです。

「仕事がデキないやつと、バカにされたくない」

「着飾らないと、まわりに埋もれてしまう」

などという気持ちに直接向き合うのがつらいため、「もっと成績を上げなければ」「どうにかすれば、もとの関係に戻れるかも？」「とにかくブランドのロゴが目立つものが欲しい」などという行動に走ります。

執着を減らすようにすると、最終的に見えてくるのは自分自身の心です。

そして、自分は何をほんとうに求めているのか、どうすれば幸せになれるかがクリアになります。

そして、確実に言えるのは、「お金」「愛」「怒り」「嫉妬」「他人の評価」「見栄」を、少しずつでもそぎ落としていくことで、悩みや苦しみを減らし、今をよりよく生きられるようになるということです。

なぜボクがそう断言できるのか。

また、手放すものと手放さなくてもいいものの基準は何か。

その裏付けとなっている親鸞の教えについて、ここでその特徴についてお話ししていきましょう。

「他力本願」自分の力でどうしようもないことは任せる

数多くある仏教の宗派の中でも、親鸞を開祖とする浄土真宗の教えの一番の特徴が「他力本願」です。

一般的に「他力本願」という言葉は、他人の力をあてにする、人任せにするといった意味で使われています。

私たちは子どものころから「人をアテにしないで自分でやりなさい」「まわりを頼らないで自力でがんばれ」と言われ続けてきました。

そのため「他力本願」というと、誰かがなんとかしてくれるだろうという、人任せでネガティブなイメージがあります。

ところが、本来の意味はそうではありません。

親鸞が「他力といふは、如来の本願力なり」と明示しているように、他力本願は、自力による修行ではなく、阿弥陀仏の本願に頼って成仏することを意味します。

つまり、他力とは他人の力ではなく、阿弥陀仏の慈悲の働きであり、本願とは念仏を唱えた者は必ず往生させようとする願いのことを言うのです。

したがって、自力で何かをする必要なんかない。そもそも、親鸞は自力で修行に励んでも悟りは得られないと考えていたのでした。

親鸞は20年の修行をしたのち、法然と出会い、他力にたどりつきました。

つまり自力に徹してはじめて知った境地とも言えます。

お金が必要なら、手に入れる手段を自力でせいいっぱい考えて実行する。

どんなお金の使い方が自分を幸せにするか、自分に問いかける。

そうしている間に、自力で解決できないことがいつか起こります。

その代表が「死」です。

死は自力でどうにかできるものではありません。

自力でどうにもならないことは、
手放そう。

だからこそ、自力ではどうにもならないことがあることを知り、それに思い悩むのではなく、手放してしまったほうがよいとボクは考えるのです。

物事は起こすのではなく起きるもの

ボクたちは生きている間に起こるできごとは「自力」で起こしていると考えがちです。

でも、親鸞は「物事は〝起こす〟のではなく〝起きる〟もの」としています。

これはつまり、自力で起こせるものと、自分ではどうにもならないことの区別をしっかりつけて、自分の心の動きを見失わないようにせよということです。

世の中には「自力」ではどうにもならないことがたくさんあります。

ちょっと考えてみても、生まれてくる家族は選べないし、どの国のどの時代に生きるかも自分じゃ決められない。

どんな学校に行ってどんな会社に就職するかは、一見すると自分で選んでいるように思えますが、それだってさまざまな状況が重なって、縁があって決まることが多いもの。

仏教では「生老病死」、つまり、生まれること、老いること、病気になること、そして死を迎えることは、避けることのできない根源的な四つの「苦」だとされています。この世に生まれてくることは、自分でどうにかできることではありません。また生まれたからには、誰でも100パーセント、いつかは死を迎えます。病気になったり老いたりすることは、もしかしたら、運動をしたり食事に気を使ったりすれば、どうにかなることだと考える人もいるかもしれません。

しかし、いくら用心したところで、完璧な健康と若さを永遠に維持することはできないのです。

すべてのできごとを「自分で起こした」と考えていると、たとえば病気になったときに「なんで自分が……」とショックを受けて、自分を責め、無気力になってしまうことだって考えられます。

ボクは、第1章でお話ししたように「自分の死を意識すること」は、今を充実させることに加え「自分の力ではどうしようもないことがある」と自覚するのに最適な手段だと考えています。

親鸞は、避けることができないことは起こるに任せ、どうやって生きるのかは自分で決めようと説いていています。

そして、「生老病死」のような、どんな人でも避けられないことは受け入れる。生まれること、老いること、病気になること、命が尽きることは、誰にでもいつかは「起こるものだ」と考える。

そうすることでムダに抗うことなく、冷静にそのときのベストを考えられるのです。

「努力」は誰のためにする？

「他力本願」とは、決して何もかもあるがままに任せて、何もしないということではありません。

ときには、寝る間も惜しんで力を尽くすこともあるでしょう。

でも、何のために「努力」をするのが大切なのか。ちょっと考えてみると「他力本願」の教えが理解しやすくなるでしょう。

「努力」というと、つらく苦しいことと思われがちです。

でも、自分の好きなことや得意なことに没頭している時間は「努力」だと感じないほど楽しい時間ではないでしょうか。

ゲームが好きなら、深夜まで起きて何時間も画面を見ていることがつらくも何ともないはずです。

ボクだって、普通の人なら絶対やりたくないと思うようなハードなトレーニングをして、翌日、筋肉痛になることが楽しくてしかたない時期があります。

親鸞だって、9歳で得度して29歳で比叡山を降りる決意をするまで、20年もの間修行をしています。

これだってはたから見たら「長く苦しい修行をよく20年も……」と思うかもしれま

せんが、本人にとってはお釈迦様の教えにどっぷりと浸ることができた20年は、あっという間だったのではないでしょうか。

好きなことであれば「努力」と感じない経験は、皆さんにもあると思います。

どうせ努力をするなら、自分ができること、やりたいことに力を注ぐべきなのです。


ボクは、20代で中古車販売の会社をスタートし、その後、たくさんの事業を立ち上げます。

最初のうちは経営は順調で、まわりに言われるがまま人を雇い事業を拡大していきました。

でもボクは、お金が儲かっても、実は経営者でいることがつらくてしかたがなくなっていた。

いい大学を出て、一流企業に就職するという、当時の出世の王道から外れていたボクは、どうにかして世間やまわりを見返してやろうとビジネスを始めました。

しかし「経営者」は、ほんとうにやりたいことではなかったのです。

日本では、一般的に「苦手をなくす」教育が行われます。

たとえ国語でいつも80点を取っていても、算数が20点なら、国語をもっと伸ばすのではなく算数の点を上げるよう指導される。

社会に出てからも、営業や企画など、さまざまな部署を経験させて苦手を減らし「ゼネラリスト」をつくろうとします。

でも、苦手なことに労力を費やしても、さほど得意にはなりません。

そうであれば、できること、好きなことに集中したほうが可能性は広がります。

一度きりの人生、苦手を克服するようなつらく苦しい努力は手放し、自分ができること、やりたいことに力を注ぐ、楽しい努力をしたほうがいいのです。

「悪人正機」悪いヤツほど救われる⁉

親鸞の教えの中で、「他力本願」と並んで特徴的なのが「悪人正機《あくにんしょうき》」です。

「悪人正機」とは「善人ですら極楽浄土に行くことができるのだから、ましてや悪人が極楽浄土に行くのは当然である」という親鸞の教えです。

フツーだったら「悪人ですら救われるのであれば、善人が救われるのは当たりまえ」と考えるでしょう。

しかし親鸞は、その逆を説いたのです。

これは本当はどういう意味なのでしょうか。

親鸞は「善人（自分で自分を〝善人〟だと考える人）」は、自分は正しいことを行なっていると考えています。

これはつまり「自力」で善いことをしていると考えているに等しいと教えています。そして、自分の「善」を誇る人は、阿弥陀様という他力にすがる心に欠けているとしたのです。

一方で「悪人（自分はまだまだ至らないところがたくさんあると考える人）」は、自分ではどうしようもないことが世の中にあることを知っている。そして自力ではどうにもならないことについて、他力に頼る気持ちがあるとして「善人ですら救われる」と説いたのです。

親鸞は、煩悩に満ちあふれ、価値観がコロコロと変わる世の中で、本当の善悪の見分けをつけるなど、われわれ人間にはとうていむずかしいと考えました。

たとえば、人を殺すことは最も重い罪だとしても、戦争が始まったら戦わなければならない人もいるでしょう。

それなら、善を求めて善人になろうとするのは、もはや意味がない。

善悪を超えた真実の世界にある念仏を唱え、阿弥陀様におすがりする謙虚な気持ちの持ち主こそ救われて当然だとしたのが、本当の「悪人正機」の意味なのです。

過去や未来にとらわれない、それが「今を生きる」親鸞の教え

浄土真宗は、死後について考える宗派だというイメージがあります。

「〝南無阿弥陀仏〟と唱えれば、極楽浄土に行ける」という基本の教えからすると、そう思ってしまうのもムリはないでしょう。

しかし親鸞は、法然の教えをさらに突き詰め、死んだあとに幸せになるのではなく、現世を積極的によりよく生きるためのものとしようとしました。

親鸞は「即得往生《そくとくおうじょう》」という仏教の言葉をこう説明しています。

「〝即得往生〟とは、そもそも信心をいただければ、命を終えたときすぐに浄土に生まれ変わることができるということです。

しかし、私は、死んでから浄土に往くということではないと考えます。〝即得往生〟

とはすなわち、不退転の境地に住むことなのです」

「不退転の境地」とは、人生のどんなできごとにも負けたり逃げたりせず、自分の人生に意義と希望を持って生きるという意味です。

つまり、親鸞の教えに従えば、死んだあとではなく、今すぐに自分なりの人生に取り組むことができるという意味なのです。

また親鸞は「不退転の境地に住む」ということは、つまり「浄土に生まれると定められた人の仲間になった」ということでもあると言っています。

自力を捨て去り、他力に任せることができるようになったとき、浄土に生まれると信じることができる。

行く先がハッキリしたことで、この世での不安や心配は消え去り、過去や未来にとらわれることもない。

何も恐れることなく、「今」を積極的に生きることができるようになると説いているのです。

念仏を唱えるだけでなぜ救われるの？

「イヤイヤ。だからといって、一心不乱に念仏を唱えても、阿弥陀様が奇跡を起こしてくれるわけじゃないし？」

と、あなたは思うでしょうか。


実は、そう反論する人に限って、実際に念仏を唱えたことがないのです。

ボクは、念仏の効果を疑う人には、

「1回、やってみて」

と勧めています。


実際に、念仏を繰り返すのは人間の心身に大きな影響を及ぼします。

南無阿弥陀仏。
心が落ち着く魔法の言葉。

一心に念仏を唱えると、余計な考えが頭に浮かばない無心の状態になることができます。

これは念仏だけに限りませんよね。

たとえば、ゆっくりとしたテンポで深呼吸をしたり、ウォーキングをしたりする。

また、一定のリズムでガムをかんだり、「わっしょい、わっしょい」と声に出してお神輿を担ぐ。

こうした行動はすべて、ストレスや不安を抑えて平常心を取り戻してくれるセロトニン神経を活性化してくれます。

次から次へと雑念が浮かぶままに任せると、脳は膨大なエネルギーを消費すると言われています。

「南無阿弥陀仏」と繰り返し無心になることで、頭がクリアになり心が静かになります。心が整えば、臨機応変に悩みに対応できるようになれるのは、科学的な事実なのです。

ただし、親鸞の言わんとした「専修念仏《せんじゅねんぶつ》」の教えは、とにかく念仏さえ唱えれば、人生がすべてうまくいくという意味ではありません。

また、どれだけ悪いことをしても「南無阿弥陀仏」と言えば、許されるという意味でもないのです。

親鸞が教えを説いた当時も同じで「念仏を唱えるだけで救われる（専修念仏）」の教えの意味を誤って理解し、念仏さえすればどんな行いをしても許されるとして悪事を行うものや、伝統的な仏教を非難するものたちも現れました。

しかし、のちに親鸞は「念仏とは、そもそも阿弥陀仏様から信心の心が起こるよう工夫された言葉だ」と開眼。

念仏を心に思い浮かべるだけでいいとしたのです。

そもそもお釈迦様が伝えた仏教では「不幸は自分の考え方が生み出すもの」だとされています。

しかし、どれだけ学び続けたとしても、考え方そのものを変えるのは非常に困難である。このことは、20年もの修行を積んだ親鸞がいちばんよくわかっていました。

また、親鸞は、悟りを開くために「自力でなんとかしようとする」ことのむずかしさも身にしみていました。

だったら、自分のできることだけに力を注いだら、自分の力でどうにもならないことは、シンプルに念仏を唱えて阿弥陀様にお任せするのがいいという結論に達したのです。

いろいろな経験を経て、親鸞の教えが身にしみた

ボクは、名古屋にある浄土真宗系の高校である「学校法人 尾張学園 名古屋大谷高等学校」を卒業しています。

必修で宗教の授業を受けたり、東本願寺に研修旅行に行ったりして、仏教の教えについては、一般の方よりも多少学んでいます。

「他力本願」や「悪人正機」という言葉も、当然、何度も聞いたことがありました。

でも、その本当の意味を少しずつ理解できるようになったのは、30代の後半です。

学校を卒業したあと、ボクは新車販売のディーラーに就職し、営業マンとして勤務します。

1年半ほど経ったころ、車を見に来店したテレビ局の放送作家の方に気に入られ「一緒に働こう」と誘いを受けました。

悩んでいたら、入社の恩人である取締役に「行きたいところがあるなら行け。ダメなら戻って来い」と言われ、転職を決意します。

ところが、研修中に転職予定の会社が倒産。

このまますごすごと引き返しては、快く送り出してくれた取締役に顔が立たないと、一人で中古車販売の会社をスタート。

その後、次々に事業を立ち上げ、「新進気鋭の経営者」として新聞の取材を受けたり話題に取り上げられたりしたのはすでにお話ししました。

一見すると順風満帆の人生を送っていたのです。

チヤホヤされると「自分はすごい」とかんちがいします。

そしてボクは、もっと自分をよく見せようと見栄を張り、派手に遊びまくっていたのです。

また、うまくいっているときは、いろいろな人がまわりに集まってきます。友達だと信じていたのに裏切られたり、お金をだまし取られたことも一度や二度ではありません。

そんなことが続くと、お金を稼いではいても、心にぽっかりと穴が開いたようになったのです。


ちょうどその頃、大好きだった叔父が亡くなり、自分の人生についてあらためて考えるようになりました。

なんのために仕事をがんばっているのだろう。

このままの人生で本当に自分は幸せなのか。

出口の見えないトンネルでさまよっていると感じたとき、頭に浮かんだのが親鸞の教えだったのです。

そもそも仏教や宗教ってなんのためにあるの？

仏教や宗教は「今をどう生きるか」を考えるきっかけをくれるもの。

ボクはそう考えます。

さらに言えば、より豊かに生きるヒントを与えてくれるものです。

世界中でおよそ8割以上の人が、なんらかの宗教を信仰していると言われています。それぞれの宗教には独自の倫理観や価値観があり、人々は生きる指針としています。

「まえがき」でもお話ししたように、日本以外の多くの国で「宗教は何か」とたずねられたとき、「無宗教」と答えると不審がられます。

宗教が倫理や道徳の基礎となっている国々では、無神論者は「何をしでかすかわからない危ないヤツ」と警戒されるからです。

日本人の多くは「自分は宗教を信じていない」と考えていますが、ボクは、日本人ほど宗教的な感性が高い民族はないと思っています。

多くの人は、新年には初詣に行き、受験生が身近にいれば合格を祈願します。

また、結婚したり子どもが生まれたりなどの人生の節目には、先祖の墓前に報告する人も少なくありません。

その一方で、病気や事故などのトラブルにあったときには、先祖供養に励もうとする人もめずらしくないでしょう。

日本以外では、先祖供養をしたり墓参りしたりする文化がない国も多い。

目に見えない「ご先祖様」を敬うことや、試験の合格や家族の無事を祈願することを当たりまえと思うことが、すでにとても宗教的であることに気づいていないだけなのです。


また日本では、熱心な先祖崇拝の気持ちの受け皿として、仏教が共存してきました。

そのため、知らず知らずのうちに仏教の教えが生活に溶け込んでいます。

ボクはたまたま、仏教系の学校に行き、親鸞の教えに深く触れる機会があったからこそ、仏教は「今をよりよく生きるための教え」だと知ることができました。

しかし残念ながら、仏教がどれほど人生に役立つ教えなのかを知らずにいる人がほとんどです。

人は、日々暮らす中で「朝は子どもを学校に送り出して」「コロナ禍でも電車に乗って通勤して」「テレワークが進んだせいで、連日のようにこまかいリモートによる打ち合わせをして」と、毎日やるべきことに追われています。

もう少し長いスパンで見ても「定年後は田舎に帰ろうかな」「親が病気になったらどうしよう？」などは考えるかもしれません。

でも「今をどう生きるか」について思いをめぐらすことはほぼないでしょう。

それこそ、身近な人の「死」や、大地震やウイルスの感染拡大など、予測できない危機的な状況に陥ったときしか、自分はどう生きれば幸せなのか考えることはありません。

だからこそ、少しでもいいから仏教の教えに触れて、今をよりよく生きるためのチャンスとしてほしいのです。

生きていれば誰にでも、仕事やお金、人間関係の悩みなどの「苦」が付きまといます。そして悩み、迷ったときに一つの選択肢を示し、心の拠りどころとなってくれるのが、仏教であり宗教なのです。

第3章 お坊さんになろう

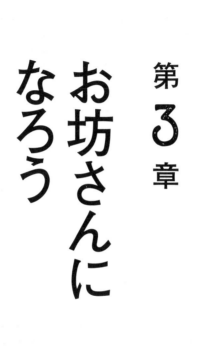

仏教を「自分ごと」にしてみよう！

人生はつねに悩みや迷いがつきまとうものです。

だからこそ、仏教を頼りにしてほしい。合理的に利用してほしいと思っています。

ただ、もっと言えば、仏教はつねにそばにあるのですから、あなたの考え方のベースとして頼りにしてほしい。

それこそ、仏教を「自分ごと」として取り入れることだとボクは考えます。

さらにここで、仏教をもっともっと「自分ごと」にするために、ボクは皆さんに「得度《とくど》」をオススメします。

浄土真宗では、僧侶になることを「得度」すると言います。

つまり、仏教の教えをうまく活用し、よりよい人生にするために「お坊さんになろう！」と提案しているのです。

「え〜っ、いくらなんでも、それは極端すぎません？」

とあなたは思いますか？

「得度する」というと、髪の毛を剃って家族や今を捨てて出家し、厳しい修行の世界に入るというイメージがあるかもしれません。

また、お寺に生まれるなどの特別な環境にある人以外は、僧侶になれないのではと考える人も少なくないでしょう。

しかし浄土真宗では、剃髪する必要はありません。

また、日本ではほとんどが在家仏教であるため、社会と隔絶した出家生活を送ることもないのです。

江戸時代までは、得度をするには政府の許可が必要でした。

そのため、勝手に得度したお坊さんは「私度僧」と呼ばれて区別されていました。

しかし江戸時代以降は各宗派の権限に任されたため、いずれかのお寺に所属し、指導や手続きなどをお世話いただければ、誰でも得度できるようになっているのです。

第1章で、ボクはスマホに寿命カウンターのアプリを入れて、死ぬかもしれないと仮定した日までの残りの日数をカウントしているとお話ししました。

実際にスマホの画面を見せると、100パーセントの人が、

「自分だったら、あと何日だろう？」

と計算を始めます。

そして残りの日数が、たとえ1万日だったとしても、6000日だったとしても、その間に何ができるか、何をしたいか考えるようになります。

これこそ「死を意識するのを〝自分ごと〟にした」ということです。

仏教の教えも同じように「自分ごと」にしてほしい。

でもそうはいっても、仏教の教えをいくら学んでも、事あるごとに生かすのはなかなか難しいでしょう。

いくら「決断力がアップする」ビジネス書を読んでも、翌日から、何事もすぐに決めてバリバリと行動できるようにはなれないのと同じです。

だからこそ思い切って「得度」をしてみる。

お坊さんになってみよう。
仏教が本当の意味で
自分ごとになります。

そうすることでお坊さんとしての自覚が生まれ、何かあるたびに仏教の教えに答えを求めるようになるでしょう。

それが仏教を「自分ごと」にする、最良の方法だと思います。

仏教が遠いものになってしまった最大の理由とは?

なぜ「今をよりよく生きる」ための仏教の教えが、なじみのないものになってしまったのか。

意外に思うかもしれませんが、日本全国にあるお寺の数は7万6000、どこにでもあるように思えるコンビニの数のおよそ5万5000店よりも多いのです。

それなのに、なぜ仏教の教えに親しむ人が減っているのでしょう。

近年「葬式仏教」という言葉が広まっています。

寺院の活動が葬儀や法事に限られ、またボクたちが仏教に触れる機会も葬式だけという現状を表して、こう呼ばれています。

そもそも庶民がお寺で葬式を行うようになったのは、江戸時代以降です。すべての民衆が、当時、危険視されていたキリスト教などの宗教の信者でないことの証として「いずれかの寺院の檀家になること」を義務付けられてから、僧侶による葬式が一般化しました。

「檀家制度」とは、葬儀や法要にまつわるすべてを特定の寺院が永続的に担当し、その代わりにお布施を受けるものです。

実はその頃のお寺は、檀家制度によって家ごとの誕生や死亡を記録し、転出入の確認なども行う市役所のような役目も担っていたのです。

ところが、明治時代に檀家制度は廃止されます。

そしてその後、1950年代後半から始まった高度成長期に伴い、人々は仕事を求めて都市に向かいます。

多くの人は、故郷を離れると伝統的な宗教との結びつきが薄くなります。

ボクが子どもの頃は、実家で自然と仏教に親しんでいました。

家にはお仏壇があり、毎月のようにお坊さんが月経《つきぎょう》として、お経をあげに来ます。両親も、毎日のように仏壇に手を合わせ、いただきものや朝ご飯などは真っ先に備えていたのです。

しかしボクも、実家を出たあとは家に仏壇を備えていません。

多くの人も同じように、都市で暮らすようになると、実家にあった仏壇やお墓と遠ざかり仏教と縁が薄くなるのではないでしょうか。

自分の家は、どの宗派を信仰していたのか、特定のお寺の檀家だったのかなど知らないまま都会で暮らし、身近な人が亡くなったときに初めてあわてて仏教に触れるようになっているのが現代なのでしょう。

これが、若い世代が仏教を身近に感じられない理由の一つです。

お金は死んでから使うのではなく、今を生かすために使う

多くの人が仏教を「自分とは関係ないもの」と考えがちな大きな理由として、お葬式の仕組みが明快でないことも挙げられます。

人類は、どんな国でもどの宗教でも、そしてどの時代でも、さまざまな形でお葬式を行なってきました。

でも、日本では葬儀費用が諸外国と比較して飛び抜けて高額です。地域差があるにしても平均して約200万円という日本の葬儀費用は、先進国の多くと比較して2倍以上になっているのです。

近年では「家族葬」と呼ばれる、家族だけの葬式も増えてきましたが、まったく葬式を行わないケースはまだまだ少ないと言えるでしょう。

葬式を行わないと、亡くなった人に対し失礼である、故人と関わりがあった人は気持ちのけじめがつかないなどの理由があるのでしょう。

ボクは個人的には、自分が僧侶でありながら、人が亡くなったときに必ずしもお坊さんがお経をあげる必要はないと思っています。

専門家の手を借りるのは最低限でいいと考えます。

もちろん、社会的な立場で必要な人をはじめ、盛大なお葬式をしてもらいたい人もいるでしょうから、家族で生きている間にしっかり話し合っておく必要はあるでしょう。

でも親鸞は、ただひたすら、生きている間に幸せになるためにはどうしたらいいかを説いただけで、人が亡くなったときに「立派な葬式をやりなさい」とは言っていないのです。

日本で死者が出たときにやるべきことは、まず医師に死亡診断書を発行してもらうこと。

次に、地域の役所に死亡届を提出すれば「火葬許可証（埋葬許可証）」が渡されるので、死亡してから24時間後以降に、火葬や埋葬を行います。

本来、法的に必要な行動はおおむねこれだけです。

もちろん、自分で火葬したり勝手な場所に埋葬することはできません。

ですから、火葬や埋葬にはそれぞれの専門家の助けが必要でしょう。

でも、お葬式については何の決まりもないのです。

ボクはこの金額を、たとえば残された家族で思い出の旅先へ出かけることや、みんなで故人の話をしながら食事する費用に充てればいいと思っています。


ときどき、立派なお葬式をしないと「亡くなった人を大切に思っていないようなやましい気持ちになる」「バチがあたりそう」という人もいます。

でもそれは「自力」で、「いいことをした」と思いたい、残された人の考えです。

親鸞の教えに従い、みんなが「今」をせいいっぱい生きることができれば、亡くなったときに不要なお金をかけて儀式を行う必要はないのです。

こうした考え方は一見、非常識かもしれません。

しかし、今では信じられないかもしれませんが、昔は畳の上（自宅）で死を迎えていましたし、生まれるのも自宅でした。今はどちらも病院です。

このように常識はつねに変わりますが、死者を敬う気持ちといった良識はいつの時代も変わりません。一見、非常識に思えるボクの考えも、良識から外れているわけではないのです。

厳しい修行はゼロでオッケー

今を生きる人たちに、もっともっと仏教の教えを役立ててほしい。

だからボクは、仏教を本当に必要とする人たちのために、修行はゼロで得度できるようにしています。

「でもお坊さんになるなら、仏教とは何かをしっかり学び、信仰を深める必要があるでしょう?」

とほとんどの人は考えます。

宗派によっては、基礎的な教義や儀式作法を習得しなければ、僧侶として認められないこともあるでしょう。

また「得度」という儀式を行ったあとには、お寺で決められた生活をしたり、厳しい修行をしたりしなければならないと考える人も少なくありません。

ボクの寺では、必要な書類をそろえていただき面談を行うだけで、基本的には得度をすることができます。

たとえ手続きは簡素でもボクは自信を持って、親鸞の教えをもとに心のあり方が変わり、自分もまわりも幸せにできていると言うことができます。

親鸞は、修行ができる環境にある人、もしくは修行をする気力を持ち合わせている人だけが幸せになれるわけではないという信念を持っていました。

また、修行はいらないだけでなく、厳しい戒律を守る必要もないと言っています。

なぜなら人は誰でも、日々生きるだけで修行をしているからです。

毎日起きるさまざまなできごとに、人の心は惑います。

なんとかして心を整え、知恵を磨いて生き続ける。

それこそが修行であり、飲まず食わずでひたすら歩いたり、滝に打たれたりする必要はないのです。

「得度」は特別なことじゃない、失うものは何もない

ボクはただ単に信徒を増やしたくて「お坊さんになろう！」と言っているのではありません。

得度をしてお坊さんになるためには、定められた書類を提出していただき、面談をするだけです。

仏壇や壺などを買う必要はありません。

ではなんのためにボクは「お坊さんになろう！」と提案しているのか。

それは、忙しい現代人がよりよく生きるための指針の一つとして、親鸞の教えは究極にシンプルであり役に立つと考えているからです。

うちで得度をした人の一人に、お笑い芸人のアントキの猪木さんがいます。

アントキの猪木さんは、得度をしてから生き方が大きく変わったと言います。

「お笑い芸人」という立場で会うのとは異なり、まわりの人とホンネのコミュニケーションが取れるようになったそうです。

また、自分とまわりの幸せはもちろん、世の中全体の幸せを考えるようになった。

だから彼は、芸人としての仕事を続けながら、東日本大震災の被災地でボランティアを行うなど得度してからはさらに精力的に活動しています。


得度をしても失うものは何もありません。

長い休暇をとって修行をしたり、髪の毛を剃る必要はありません。

肉や魚を制限することもなければ、お酒だって普段通り飲んで構いません。

好きな人とデートしたり家族で出かけたりすることもできます。
これまでの生活とまったく変わらずに暮らしながら、得るものはたくさんある。
それが得度をするということなのです。

お坊さんになれば、自分もまわりも救うことができる

では、得度をして得られるものとは何か。

まず一つ目は、今をよりよく、充実して生きるためのヒントをたくさん得ることができるということです。

親鸞の教えに親しむのはもちろん、得度をすればあなたは「お坊さん」ですから、「こんなときはどうしたらいい？」と、まわりから相談される機会があるかもしれません。

そうすればあなたも「お坊さん」という立場から、頼りにしてくれた相手の期待に応えようと、改めて親鸞の教えを学ぶことも増えるでしょう。

そこで、さらに理解を深めながら、日々の暮らしに役立てることができるはずです。

また、親鸞の教えの根幹は他力本願であり念仏を唱えることです。

つまり、よけいな儀礼がないために、自分のできること、やるべきことに集中できます。

そして、できることに力を注ぐことで、さらに人生が充実していくでしょう。


二つ目は「お坊さん」として、一生続くキャリアです。

一度、お坊さんになったら、よほどのことがない限り、そのままお坊さんでいることができます。一生、親鸞の学びの中にいるのです。

たとえ家庭環境や仕事などが変化したとしても「お坊さんである」ことは揺らぎません。

あなたの心の芯となり支えとなっていくでしょう。

また、お坊さんには定年がありません。

本人が望むなら、何歳まででも僧侶としての活動を続けることができます。

特に男性は、定年退職したあと「〇〇会社の部長」や「△△物産の取締役」などの肩書きがなくなると、自分のアイデンティティーをなくし生きる気力を失うことがあります。

そんなときに、社会と関わり人に頼りにされる「お坊さん」というステータスがあれば、第二の人生も生きる張り合いが生まれるでしょう。

得度をして得られる三つ目は、自分だけでなくまわりも幸せにできることです。

ボクはこれが、得度をして得られる最も大きな幸福ではないかと考えています。

あなたが「得度をした」という話を友人との集まりでしたとしましょう。

まわりは驚き、あなたは「えっ、得度ってなに?」「なんで、お坊さんなの?」「なんかいいことあるの?」と質問攻めにあうはずです。

得度の話を聞いた友人たちは、これまでは仏教について「なんとなく知っている」程度だったのが、興味が湧いてきます。

たとえ10分しか話題が続かなかったとしても、その場にいた人の記憶のどこかに

お坊さんは、自分だけではなく、
あなたの大切な人も幸せにできる。

「仏教」が刻み込まれるでしょう。

もしかしたら、しばらくは思い出さないかもしれません。

でも、何か困ったことがあったりなかなか悩みが解決しなかったりしたとき、ふとあなたと仏教が頭に浮かぶこともあるでしょう。

「そういえば、お坊さんになって幸せそうだったな」と思えば、インターネットで検索したり本を読んだりして仏教の教えに触れ、心が軽くなるかもしれないのです。

こうしてあなたがお坊さんになることで、直接、相談に乗るだけでなく、間接的にもまわりの役に立つことができるでしょう。


また、人に幸福感をもたらす「ハッピーホルモン」と呼ばれるオキシトシンは、家族や動物と触れ合うだけでなく、他者を応援したりポジティブなリアクションをすることで分泌されると言われています。

つまり、あなたが他人の問題解決のために動くことは、まわりの人のためになるだけでなく、あなた自身をさらに幸せに導いてくれるのです。

誰でも「お坊さん」になれる！

得度をした人は、年齢、性別、職業などほんとうにさまざまです。

先にも話したお笑い芸人のアントキの猪木さんのほか、親鸞の教えを仕事に生かして、事業を拡大している経営者もいますし、人生経験豊かな女性もいます。

得度をしてお坊さんになってみただけの人もいれば、メディアを使って幅広く人々の相談に乗ろうとしている人もいます。

親鸞が、どんな立場の人でも仏教の教えが役に立つと考えたように、うちでも、お坊さんになるために条件はありません。

仏教に興味があり「おもしろそう！」と思うのであれば、ほんとうに誰でもお坊さんになれる資格はあるのです。

昔は、性別を問わず、階級も関係なく、誰でもお坊さんになれるわけではありませんでした。

　でもボクたちは、人種や性的指向などのカテゴリーには一切こだわらず、誰でも仏教の教えに触れて、心を落ち着かせて幸せになってもらいたいと考えています。

　髪型がロン毛のポニーテールでも、ドレッドヘアでも、そして髪の色が紫でも金髪でもお坊さんになれます。

　ＬＧＢＴＱ（セクシュアルマイノリティー）でも問題ありません。


　また、得度をしたからといって、お坊さんを職業にしなくてもかまいません。

　もちろん、お経を覚え、僧侶としての経験を積むこともすばらしいと思います。

　極端な話、お坊さんになってから改宗して、別の宗派の僧侶となってもいいのです。その場合は、その宗派の手続きにしたがって学べばいい。

　ボクは、特定の進路を勧めることはありませんし、何かを強制することはありません。


　また「仏教について学びたいけれど、いきなり得度はちょっと……」と考える方のためには、仏教に触れるきっかけとして「仏陀倶楽部」の会員になるという選択肢もあります。

「仏陀倶楽部」は、仏縁に出会えたという共通点を持つ仲間をつくることを目的としています。

人の心はどうしても、惑い、さまようものです。

そんなときに、心のよりどころとなる考え方を共にする仲間がいるのは、とても心強く感じるはずです。

また「仏陀倶楽部」では、気負わずに社会貢献をする場としての機能も提供したいと考えています。

最近では震災などの天災に遭われた方に、みんなで寄付をするという案も出ています。

一人でできることは限られていますが、人数が集まれば大きなことができるようになる。

これは寄付に限りません。

何かの形で世の中に貢献しようとするとき、志をともにする仲間から生まれるパワーは掛け算で大きくなるはずです。

既成の枠組みを超えて仏教を広げたい

お釈迦様が２５００年前に始めた仏教は、時代とともに解釈が変わり、さまざまに分派しました。

そして現在では、各宗派により、礼拝や仏事に関してのノウハウである「作法」が異なることも少なくありません。

たとえば、葬儀のときにあげるお線香の本数や置き方まで、「一本を折らずに真ん中に立てる」「三本を逆三角形に置く」などと、宗派によって定められています。

正直、ボクは作法にこだわりすぎる必要はないと考えます。

作法はあとからできたものです。

ボクの元に得度を希望されてきた方の一人は「仏教に親しみたい」と別の場所で得度を願い出たことがあったけど、こまかい決まりごとなどが多く、あまりにも敷居が高すぎて断念したという経験をお持ちでした。

せっかく仏教に関心を抱いてくれたのに、それではあまりにももったいない。

本来なら、どの宗派でも誰でもお坊さんになれるはずです。

それが、誰もが平等に救われると説いた仏教の教えの本質だからです。

形やルールにこだわりすぎて、人々を遠ざけてしまうのは本末転倒ではないでしょうか。

ボクたちは、誰もが平等に救われることにフォーカスしていきたい。

そして、多様な方々を積極的に受け入れ、もしかしたら肩身が狭い思いをしていたかもしれない人たちにも居場所を提供していきたいと考えています。

そもそも親鸞は、上層階級のものであった仏教を「悩み苦しむ民衆に伝えたい」と、結婚して肉食をするなど既成の形を打ち壊してまでも広めた人です。

ボクたちも、その志を今に生かして、より多くの人たちに仏教の教えを伝え、今を幸せに生きてほしいのです。

「カッコいいから」「おもしろそうだから」で得度してもいい

お釈迦様が始めた仏教は、2500年前のインドでは「新興宗教」でした。そのころのインドでは「カースト制度」という身分制度を生んだバラモン教が主流であり「人は皆、平等である」と説いた仏教は、例外的な教えだったのです。そんな仏教を「カッコいい！」と考えて、僧侶になった人が後を絶たなかったといいます。

またよく、ビジネスなどで大成功したカリスマ経営者のインタビューを見ると、社会の役に立ちたいなどの崇高な動機ではなく、

「〝社長〟ってカッコいいし」
「モテたかったから」
と正直に答える人も少なくありません。

ボクは、お坊さんになるのも「カッコいいから」「おもしろそうだから」、そして「尊敬されるから」といった動機も大いにありだと思っています。

動機は不純でもいいのです。

なぜなら、親鸞、そしてお釈迦様の教えは一つだからです。

ボクだって、仏教系の学校を卒業してすぐに、高い志を持って得度したわけではありません。

営業マンになったり、さまざまなビジネスを経営したりして、さんざん遠回りをしたあげくに、親鸞の教えにたどり着いたのです。

仏教という建物は、必ず真正面の入り口から入らなければならないわけではありません。

横からでも、裏口からでもいいのです。

得度するきっかけはなんでも、仏教の教えに触れ、日々に生かすことが最も大切なのです。


ここまで得度に関して説明してきました。

今からでも遅くはありません。

一歩踏み出して、人生を変える——得度が多くの人の変化のチャンスになればボクはうれしいと思っています。

補章

曹洞宗と浄土真宗の僧侶が語る、仏教のこれから

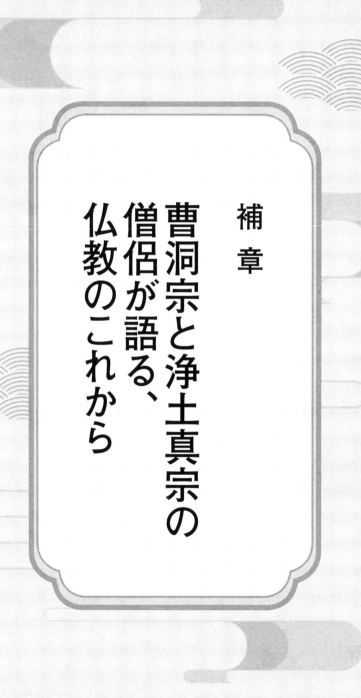

曹洞宗 四天王寺の住職である倉島隆行さんを迎え、
仏教について意見を交換していただきました。
の異なる僧侶が考える仏教の
現在地とこれからとは？

聞き手・写真＝編集部

倉島隆行

くらしま・りゅうぎょう

四天王寺（三重県津市）の住職、全国曹洞宗青年会の前会長。3歳の頃より祖父から坐禅指導を受ける。愛知学院大学卒業後、大本山永平寺にて2年間修行。フランス・ドイツでの参禅修行を経て、その後、全国曹洞宗青年会の会員として各地で発災する自然災害にボランティアとして活動する。2017年に全国曹洞宗青年会第22期会長。さらには全日本仏教青年会理事を経て、同会第21代理事長に就任。現在は宗派の垣根を越えて活動している。

愛葉宣明

あいば・のぶあき

僧侶、仏陀倶楽部代表、一般社団法人ミス日本酒の代表理事。愛知県名古屋市出身。浄土真宗大谷派である名古屋大谷高校卒業後、20歳で独立起業。中古車販売業、飲食業、美容事業、リサイクル事業、コンサルティング会社を次々に立ち上げる。独立起業から10年後、自身の中に湧きあがる疑問と向き合うため、事業を整理。ヨーロッパを中心に世界30カ国以上を旅する中で、多くの宗教や文化、習慣や常識の違いを学ぶ。「人は生きているだけで毎日が修行」これが仏教の教えであり、時代が変化しても自然淘汰されない“在り方”を仏教に見出す。現在は誰でも「得度」できる活動を推進中。

仏教徒から見た日本の今

―お2人は仏教徒として、日本の現状をどう見ていますか？

倉島　生きづらい社会になっていると思います。一人で苦しんでいる人が多い。というのも、戦後、日本人はずっと集団社会の中で生きてきました。「巨人・大鵬・卵焼き」※という言葉があったように、自分が好きなものはみんなと一緒だった。大衆の中の自分という安心感がありましたね。

ところが、個人主義の時代になったことで、自分のことはすべて自分で責任を持つという自己責任論が浸透しました。その結果、社会の分断が進み、個人は帰属意識を持ちづらくなってしまった。

※昭和時代の流行語。プロ野球の巨人軍、横綱の大鵬、料理の卵焼きを並べたもの

愛葉　昔は今ほど人が移動しなかったことも関係していますよね。行動範囲が狭かっ

たから、地域社会がしっかり機能していた。ボクの実家は問屋街だったんですけど、小学校から問屋街に返ってくると、街の人が「おかえり」と声をかけてくれた。みんなが顔見知りだったんです。

倉島 そうしたコミュニティーがなくなると、「自分の存在を知る人がいないのではないか」という不安にかられてしまうのです。だから、誰にも悩みを打ち明けることもできない。本来であれば、寺院がその役割を担うべきなのですが、今の日本人は仏教に触れる接点――お寺に来たり、お坊さんに会ったり――が少なくなっています。

――葬式仏教と言われるほど、仏教は非日常のものという人が多いですよね。

倉島 幼少期からおじいちゃんやおばあちゃんが仏壇に手を合わせたりお墓参りしたりしている姿を見ていれば、自然とその姿を真似するようになる。つまり種が植えられているわけです。ところが、家族が離れ離れで暮らすことがふつうになると、仏教とはまったく無縁の生活を送ることになるので、非日常的なものになっているのでしょう。

ただ、身の回りに目を向ければ、仏教の教えが生かされていることはたくさんあります。たとえば、歯をみがくこともその一つです。曹洞宗の開祖である道元は、実は環境衛生の第一人者で、中国から歯みがきの作法を伝えたと言われています。

道元が中国に行ったとき、偉いお坊さんの口がとても臭かったそうです。「こんなに偉いお坊さんなのに、悪臭で鼻が曲がる」と経典に書いてあります。だから、歯みがきをはじめ、身の回りをきれいに整える作法をアレンジして日本に持ち帰ったのです。日本人の環境衛生に対する意識の高さは800年以上も前から仏教伝来とともに取り込まれた生活習慣と言えます。

――ずっと続いてきたことにはそれなりの理由があるわけですね。今は何につけても「エビデンスは？」と根拠を求められるせいか、過去から受け継がれてきた知見を大事にする意識が薄いかもしれません。

倉島　これは経済の影響もあると思いますが、みんなが豊かなときは「ご先祖様のおかげでいい暮らしができている」という感謝の気持ちを持つことができました。

今は格差社会で、若い人たちは平均所得も下がり、結婚もできない。将来もらえる年金だって減るばかり。その一方で、悠々自適に暮らしている人もいる。そんな状況で「先人たちに感謝しましょう」とはなかなか思えないし、過去に目を向けることもできませんよね。

愛葉　ボクはもともとビジネスの世界にいましたが、うまくいっている人は一部で、多くの経営者は毎日苦労しています。悩みの多くはお金に関することで、最初は銀行に救いを求めるけど、困ったときは救ってくれない。晴れたときは傘を貸してくれるけど、雨が降ったときに貸してくれないのです。そして、銀行がダメなら次は身内や知り合いを頼る。

銀行と違って人間関係は簡単に清算できないわけですよ。人間関係で苦しい思いをしたり、しがらみが増えたりすると、人の心はどんどん固くなってしまいます。経営者に限らず、現代人はこうしたストレスに日々さらされているといっていい。それに対して、仏教の教えは役に立つことができます。だからこそ、仏教がもっと身近なものであってほしいんです。

仏教は即効性のある薬なのか⁉ 宗派による救い方の違い

――いまだ続く新型コロナの影響で、人々が内省的になったと言われています。仏教に心の平安を求める人も増えているのではないでしょうか。

倉島　仏教で救える人たちはたくさんいます。ただ、現代人は即効性のある薬を求めがちです。これが効かないから次は違うものを試そう……となってしまう。時間的な猶予がないから、余計に苦しいんですよ。ところが、仏教は即効性のある薬ではありません。急に目覚めるものではなく、時間をかけて根付いていくものです。

――やはり、救われるためには修行が欠かせないということでしょうか？

倉島　仏教には「仏・法・僧」の三宝《さんぽう》という三つの宝があります。仏陀、仏陀の教え、その教えを具現化した修行のどれか一つでも欠けてはなりません。人間の血液が新しく生まれ変わるのに3カ月かかると言われていますが、お釈迦様も90日の修行をしなさいとおっしゃっています。

修行に関しては、念仏を唱えたり写経をしたりいろいろありますが、曹洞宗は只管打坐によって悟りの境地を得ようとする特徴があります。ですから、四天王寺ではよく坐禅をします。ある不登校だった女の子も一緒に3カ月、坐禅をして立ち直ったこともありました。

——ストイックでいることは大事ですか。

倉島 そういう時期はあったほうがいいと思います。ビニールハウスにずっといると、その環境が当たりまえになってしまいます。凍結解凍覚醒法という、植物の種を徐々に冷却して凍結させることで耐寒性を備えさせる技術があります。簡単に言うと、氷河期の経験をさせて、種がもっている潜在能力を引き出すわけです。

快適な生活を手に入れたことで失った、もともと人間が持っていた可能性。

それを覚醒させるためにも、修行は有効だと思います。

――浄土真宗では念仏＝南無阿弥陀仏と唱えるという、斬新なものですよね。

愛葉　仏教は元々、社会的地位の高い、一握りの人間のものになっていました。でも、親鸞は目の前で苦しんでいる民衆こそ救われるべきだと、仏教の教えを伝えてきました。その一つが念仏を唱えることです。

親鸞も9歳で比叡山に入山し、20年以上に渡る修行もしました。ただ、その後の親鸞の道のりを考えれば、「〇〇しなければいけない」「学ぶためにはこうしなさい」といった「べき論」ではないと思っているんです。

現代人は忙しいから仏教をしっかり学ぶ時間がなかなか持てないですよ。あえて言えば、地域社会やコミュニティーにおける活動そのものが修行です。だからこそ、親鸞は唱えるだけ、想うだけでいいとおっしゃっている。

――宗派によって考え方が異なりますね。

倉島　仏教という商店街があったとき、自分に合ったお店があるわけですよ。コーヒーショップに「スターバックス」があれば「タリーズコーヒー」もあるのと同じです。自分がサードプレイスとしてどこの環境に行くのがいいのか。あなたが足を運ばなければわからないんです。仏教はデリバリーされるのを待っていても来ません。

仏教という商店街は長らく関係者以外立ち入り禁止でした。その点で、愛葉さんのこれからの活動はそれを変えようとしているとも言えます。くり返しになりますが、仏教に触れる選択肢は増えたほうがいい。悩みも多様化しているわけですから。

四天王寺にビジネスで失敗した人が来ても、その失敗を挽回する手立てをお伝えすることはできません。「経営で苦しんでいる人はこう救いましょう」という言葉は経典には書いてないからです。

一方で、もし愛葉さんのようにビジネスも一通り経験している人なら、違ったアドバイスをすることもできるでしょう。経験に基づいた法話でないと、ただの言葉遊びになってしまう危険だってあるのです。

――仏教の教えは普遍的なものだと思いますが、時代に合わせてアップデートを続けているということでしょうか。

倉島　普遍のものではありますが、その時代に合わせて翻訳するのが私たちの仕事です。社会の中での仏教のあり方をつねにアップデートしなければなりません。今の社会ならではの悩みも苦しみもある中で、お坊さんだけが伝統に固執していては対応することができないのです。「昔はこうだった」「僧侶はこうあるべきだ」にこだわりすぎると、ジェンダー問題であれＬＧＢＴＱであれ、今の社会では納得されない考え方におちいりやすくなってしまう。

行基という奈良時代の高層は、治水工事でスコップを持って、土木作業をしました。当時、水害に多くの人が苦しめられていたので、リーダーシップを発揮して、住民たちと一緒に泥にまみれて、水害に対応した。それが行基の生き方であり、私にとってあこがれの存在です。

愛葉　我々はすぐに答えを出す立場ではありません。過去から受け継がれてきたものを未来に繋いでいくのが役目です。その過程で救われる人がいる。たとえ立場が違っても、基本的な考え方は同じなんです。宗派が異なるとコミュニケーションは少ないと思われるかもしれませんが、ボクはさまざまな宗派の方と対話を重ねることで、多くのことを学ばせていただいています。

宗派を超えたつながりは可能か？

――倉島さんは伝統教団に所属しているという身でありながら、仏教のあり方に関しては柔軟な考えをお持ちですね。

倉島　青山俊董老師が以前、「病気になって生きることが大変なことに気づいた。そんな病気に対して南無病気大菩薩という感謝の気持ちを持つことで、生きることに前向きになった」という旨をお話ししていて。

苦しみや悲しみをどう捉えるのか――お坊さんがアドバイザーとして一人ひとりに合わせたレッスン方法、アプローチ方法があるんじゃないかと、そのとき私は思ったんです。何が正解かはわかりません。いろいろなレッスンを受けて、異なるアプローチ方法を試してみて、気づきを与えてもらうというのが仏教のあり方なのではないかと。

――それまではわりと昔ながらの価値観だったんですか？

倉島　私は四天王寺の住職になる前、永平寺で修行をしたのですが、永平寺はゴリゴリの出家至上主義でした。私も出家することが大事であって、ましてや浄土真宗は髪の毛を生やしてチャラチャラして……これが同列のお坊さんなのかと思っていたほどです。

ところが、愛葉さんのように時代の変化を感じている人を拒絶すると、思考が止まってしまうと思うんですよ。私が永平寺で修行していたときは、「お寺とは、僧侶とは」という感覚で止まっていましたから。

浄土真宗は日常を重視するという話もありましたが、社会のほうがつらいことはたくさんあるんですよ。永平寺ではお金の勘定をしなくてよかったし、出世するというわけではなくて、わらじを脱いだ順番で、上下関係が決まっているので、出世したいとかお金が欲しいという気持ちが起こらない。修行に専念できる環境でした。
今の日本仏教があるのは浄土真宗のおかげとも思っているんです。昔の日本はすごい差別社会でした。たとえば、ハンセン病が発生したとき、仏教界では「これは先祖のたたりだ」「信仰が薄いからだ」といった声が上がった。輪廻転生と結びつけて患者さんをののしることすらしてしまった。
でも、浄土真宗の和尚さん――この人はお医者さんだったのですが――は、「これは生前の悪行でなったものではない」と断言したんです。一人でもそういう人がいるというのは、浄土真宗の多様性の特徴だと思いますね。女性のお坊さんが多いのもその一つです。

――倉島さんは超宗派の活動も活発ですが、そのあたりも影響しているんでしょうか。

愛葉　宗派の違いは本来、とても大きなものでしたよね。それこそ戦っていたほどですから。倉島さんの所属する全日本仏教青年会は宗派を超えていろいろな人と交流します。このような取り組みは、すばらしいことだと思います。

倉島　とはいえ、私のように伝統教団にいる身としては「これを言ってはいけない」「これはダメだ」という制限もありますし、ときには専門用語も使いすぎてしまう。なんでも「諸行無常」と言って済ましてしまうことすらあった。そうなると、聞いているほうは何がなんだかわかりませんよね。そんなすれ違いをずっとやってきたという面もあります。

海外でお坊さんに会うと、経典の解釈も自由なんです。今の言葉で、今のお経をつくればいい。それは伝統教団に所属するとできません。解釈を曲げたり、使い分けたりするのは非常にデリケートな部分だからです。それが、愛葉さんならできると思うのは、相手を救うためにはどんな方便を使ってもいい。

私と愛葉さんは立場がまったく異なりますが、相乗効果があるのが一番いいなと思っているんです。全国に7万6000のお寺があると言われていますが、年間2万人の自死の問題があるのに、どこもアクションを起こさない。いろいろ取り組んでいるかもしれないけれど、目に見えて表れていないというのは、社会機能としての役割を十分に果たしていないということです。

もし一つのお寺が一人でも救えたら、数はゼロになりますよ。私はそのビジョンを持って、自分が与えられた場所で、坐禅の旗をたてて、その旗を目印に来ていただける方と一緒に坐る。愛葉さんはまた違う旗を立てる。いろいろな違いが日本中にあったほうがいい。

愛葉 先ほどお話ししたとおり、ボクは他宗派の方とコミュニケーションをとるし、尊敬しています。その上で、ボクは「在家得度」という旗を立てることになった。「誰でもお坊さんになれる」ことを伝えているのは、仏教を自分事にしてほしいと思っているからで、それは誰でもできることだと思っているからです。

仏教がこれからできること

――仏教がもっと身近になるためにお寺ができることは何でしょうか?

倉島 私は檀家さんというコミュニティーの中でお寺に住ませていただいて、お寺の維持や管理と継承が大事なミッションです。それでも、もっとできることはあります。以前、全日本仏教青年会全国大会で、「仏教×ＳＤＧｓ」をテーマにしたシンポジウムを開催したことがあります。臨済宗の住職がコーディネーターで、女優の東ちづるさんをゲストに迎えて。

シンポジウムは大成功に終わったのですが、閉会後、東さんから「次回からは可能なら手話を入れたい、ネットでも配信したい」という要望をいただいたんです。それを聞いたとき、まだ届けたい人がいたなと思って。

私は必然的に檀家さんとのコミュニケーションが多くなりますから、自分たちだけで自己完結するのではなく、いろいろな人とのご縁の中で、「お寺はこうしたほうがいい」「お坊さんはこうあってほしい」という声に耳を傾ける必要がありますね。

――愛葉さんは積極的に新しい層にアプローチされています。その場合、やはり「救い」、老病死に対する心の平安がキーワードになるのでしょうか。

愛葉　誰にでも必ず訪れるのが死ですよね。ネガティブなアプローチに感じられますが、ちょっとしたフックとして機能します。ボクの寿命は確率的に約９０００

日なんですが、それを毎日、スマートフォン上で見ているんですよ。寿命ですから、もちろん毎日減っていきます。

そうすると、小さいことに悩まなくても大丈夫と思えるんです。卑下するわけではないけど、現状にいったん満足できる。死を意識することが、心の平安――つまり今を生きる一つのきっかけとして機能するんです。

死はいつか必ず訪れるものだから、我々はずっと言い続けることが必要だと思っています。仏教の教えが届くのは今のタイミングではないかもしれないけど、言い続けていくことが大事なんです。最初は気にも留めないぐらい小さな印かもしれないけど、いつか気づいてくれるかもしれませんよね。

倉島 今を生きていない人が多いですよ。ＳＮＳで他人の悪口を言うことなど、その最たる証拠です。怒りやストレスをコントロールできなくて、バッシングで解消しようとする。今を生きている人にはそんな暇はないはずです。自分の存在意義は社会を正すことだ！とかんちがいしてしまう。

青山老師は他者への想像力について、こんなことを言っています。「集合写真を撮ったら、まず自分の顔を探しますよね。そして、自分の顔の映り方がよければ満足するし、目を閉じていたらちょっとイヤな気分になる。そうやって自分のことを愛するように、他者も自分のことを愛しているんだよ」と。

SNSはきたない言葉が多いですが、仏教に触れている人だったら、相手に共感できます。日本社会の中で悪口ばかり飛び交ってしまうというのは、やはり仏教の教えが浸透していない証拠です。冒頭で最近は仏教の種を植えられる機会が少ないと話しましたが、私たちがその役割を果たしていかなければなりません。

人口減少とともに檀家は減っていますが、それでも仏教に触れていない人たちがたくさんいます。それは私たちの努力不足とも言えます。こんなすばらしい教えによって、私たちは生かされているのに、多くの日本人は自分が無宗教だと思って生きている。そこに向けてどんなアクションをするのか、まだまだできることはたくさんあるはずです。

愛葉　そのとおりだと思います。仏教という道はいろいろあります。それは一部の人のものではありません。誰でも歩める——それを伝えていきたいですね。

社会に役立つ輪を広げたい

2015年の9月、国連サミットで「Sustainable Development Goals（持続可能な開発目標）」、通称「SDGs《エスディージーズ》」が採択されました。

「SDGs」とは、国連に加盟している193カ国が、2016年から、その後の15年間の2030年までに、持続可能でよりよい世界を目指すための共通の目標です。

「貧困をなくそう」「質の高い教育をみんなに」「ジェンダー平等を目指そう」などの17のゴールがあり、地球上の誰一人として取り残さないことを誓っています。

ボクは2015年のちょうどこの時期、ビジネスでアメリカに滞在しており、「SDGs」は、まさにこれからの仏教が進む方向ではないかと考えたのです。

昔、お寺は「寺子屋」と呼ばれ、学校の代わりに僧侶が子どもたちに読み書きなどを教えていたことがあります。

また村人は、困ったことや悩みごとがあると、よくお寺に相談に来ていました。

江戸時代には、仏教とは関係のない、芝居や落語などがお寺で日常的に行われており、当時としては時代の最先端をいくエンタメイベントの開催場所だったのです。

今、時代は、経済を優先して資源を奪い合って争うより、お互いや人類のために、よりよい選択をするようにシフトしています。

仏教の教えによって自分やまわりを幸せにし、小さな社会貢献の一歩を踏み出すことが、よりよい社会を生み出すことにつながるとボクは確信しています。

＊＊＊＊＊＊＊

高校生に宗教についてインタビューした調査によると、半数以上が「宗教に関心がない」としています。

また、関心がない理由として、1位が「必要性を感じていない」で、およそ50%、そして2位が「身近にない」ことが、およそ44パーセントとなっています。

しかし、関心がないとしながらも、59パーセントの人が「神の存在」を信じたりあり得るとし、56パーセントの人が「仏の存在」を信じたりあり得るとしています。

この結果を見ると、神や仏はあり得ると考えながらも、身近にないし教えが人生に役立つと知らないばかりに、遠ざかっているということがありありとわかります。

だからこそ人は、ボクが「お坊さん」だとわかると、すぐに相談を持ちかけてくるのでしょう。

ボクは、さまざまな悩み相談を受けるとき、毎回、親鸞の教えをもとに、「苦」が減らせるよう心を込めてアドバイスしているつもりです。

でも、ときどき、

「それは、愛葉さんだから、そう考えられるんですよ」

と言われることがあります。

たしかに、小学生でイジメにあってから死ぬことを考え、どうしたらよりよく生きられるのか試行錯誤してきた人間は、そう多くないかもしれません。

だからこそ、小手先で共感して気分よくなってもらうことより、少々耳に痛くても、実行すれば必ず違いが感じられることを重視してしまうのでしょう。

でも、そうして多くの人の悩みに触れることで、ボクもまだまだ親鸞の教えを再確認し、一人一人がどうすれば実践できるのか考える機会をいただいていると言えます。


この本を読んで、すぐに仏教のことを忘れてしまっても構いません。

でも、人は誰でも、必ず「死」に向かっています。

仏教の真理の一つに「諸行無常」という言葉があります。

「諸行無常」とは、この世のものは、すべて絶え間なく変化し続けており、命あるものはすべて、いつか必ず滅びるという事実を表した言葉です。

万物は流転し、人は誰でも死に至る。

だからこそ、限りある命を大切にして、一瞬の「今」を大事に生きてほしいのです。

あなたが、いつか「死」を意識し、よりよく生きたいと願ったとき、本書の内容を思い出していただければと思います。

本書全体を通して、ボクはわきまえないことを言ってきたかもしれませんが、いろいろな形で人を救っている仏教界、僧侶の皆さんにはつねに尊敬と感謝の気持ちを持っています。

ここに至るまでも多くの人に助けられご迷惑をおかけしたと思います。もちろん今このときも周囲の皆さんに助けられ、生かされています。

いつも大切なときに必ず勇気をくれる中島薫さん。尊敬する友人でもある曹洞宗四天王寺の倉島隆行さん。新しい僧侶の在り方を見せてくれた「未来の住職塾」塾長の松本紹圭さん。20代からお世話になっている瀬端文雄社長。「おくりびと」という新しい世界を見せてくれた木村眞二社長。出版のきっかけをくれた田中太郎さん。出版にあたって、いつも以上に負担をかけた一般社団法人ミス日本酒専務理事の大西美香さん。事務局長の中村信次郎さん。無知なボクにいつも多くを学ばせてくれる戸田泉先生。

いつもありがとうございます。

そして、自分勝手なボクをいつも見守り続けてくれている尊敬する父と母に感謝を込めてこの本を捧げます。

仏陀倶楽部
Buddha Club

仏陀倶楽部では「仏教」を身近に学び、合理的に自分ごとにして生かすことを目的としています。日々の生活や仕事、人間関係で感じる悩みや不安を改善する方法を学びましょう。

今の時代に合わせて問題の「原因」を理解し、人生を改善する為の、ものの見方や考え方を学ぶことにより問題解決へのたしかな「方法」を実践することで、現実を変えていくことを大切にしています。仏教の合理的な方法が、必ず役に立つと思います。

誰でもお坊さんになれる道を用意しています。
仏教の教えを自分のモノにしていきましょう。

https://www.buddhaclub.org/

人生を変えるのに修行はいらない
―― わきまえない僧侶のありがたい教え

2021年5月15日　第1刷発行

著者　愛葉宣明
編集人　佐藤直樹
デザイン　華本達哉（aozora.tv）
編集協力　塩尻朋子
企画協力　吉田 浩（株式会社 天才工場）
発行人　田中辰彦
発行所　株式会社 白夜書房
〒171-0033　東京都豊島区高田3-10-12
［TEL］03-5292-7751
［FAX］03-5292-7741
http://www.byakuya-shobo.co.jp
製版　株式会社 公栄社
印刷・製本　大日本印刷 株式会社

乱丁本・落丁本は送料弊社負担でお取り替えいたします。
本書の無断転載、複製、複写の一切を禁じます。
本書を代行業者等の第三者に依頼してスキャンやデジタル化することは、
たとえ個人や家庭内での利用であっても著作権法上一切認められておりません。

©2021 Nobuaki Aiba
Printed in Japan